Joseph Kardinal Ratzinger

Wahrheit, Werte, Macht

Inhalt

III
Die Bedeutung religiöser und sittlicher Werte in der pluralistischen Gesellschaft

Vorwort

Die drei Beiträge, die sich in diesem kleinen Band vereinigt finden, sind aus ganz unterschiedlichen Anlässen entstanden, denen aber doch jeweils die gleiche Frage zugrunde lag. Der erste Beitrag ist die deutsche Fassung der Rede, mit der ich mich im November 1992 im Kuppelsaal der Académie française für meine Aufnahme in die Académie des Sciences Morales et Politiques bedankt habe. Der Tradition gemäß hat dabei das neue Mitglied den Vorgänger zu würdigen, auf dessen Platz es nun nachrückt. In meinem Fall war dies Andrej Sacharow, und damit war auch das Thema vorgegeben. Sacharow war groß als Physiker, aber er war vor allem groß als Mensch, als leidenschaftlicher und unerschrockener Kämpfer für die Würde und Freiheit des Menschen. Er hat den Preis des Leidens angenommen, den ihm das kommunistische Regime auferlegte, dessen Verlogenheit und Unmenschlichkeit er vor den Augen der Weltöffentlichkeit enthüllte. Diese Öffentlichkeit hat ihn bewundert, aber sie hat zugleich von dem Flirt mit der Ideologie nicht ablassen wollen, deretwegen er litt. Gemäß den Überlieferungen der Akademie konnte es bei meiner Rede nicht um einen reinen Nekrolog, um eine bloß rückwärts gewendete

Würdigung des großen Vorgängers gehen; von seiner Gestalt her stand die Frage auf, wie heute und grundsätzlich staatliche Gemeinschaft in Freiheit zu gestalten sei; der ethische Gehalt menschlicher Freiheit als einer immer nur in gemeinsamer Verantwortung lebbaren Wirklichkeit war zu bedenken.

Der vorgesehene zeitliche Rahmen ließ nur Raum für eher aphoristische Andeutungen einiger wichtiger Gesichtspunkte. Ich konnte bei diesem Versuch zurückgreifen auf eine Rede, die ich im Frühjahr 1992 in der slowakischen Hauptstadt Bratislava vor großer Zuhörerschaft gehalten hatte. Nach dem Ende der kommunistischen Diktatur stellte sich dort mit großer Dringlichkeit und ganz konkret die Frage, wie nun ein neuer und gerechter Staat zu bauen sei, wie Freiheit gewahrt und als Freiheit in Gerechtigkeit gestaltet werden könne. Der Pariser Vortrag und die Rede von Bratislava, die in diesem Buch als dritter Beitrag steht, greifen daher ganz eng ineinander; in Paris habe ich nur von der konkreten Gestalt Sacharows her neu zu beleuchten versucht, was ich an Sachaussagen bereits in der Hauptstadt der Slowakei vorgelegt hatte.

Der zweite Beitrag dieses kleinen Bandes wurde zunächst für den Workshop der amerikanischen Bischöfe in Dallas im Frühjahr 1991 entworfen, auf dem Fragen der Grundlegung der Moraltheologie zur Debatte standen. In seiner deutschen Fassung war er dem Tübinger Kollegen und Freund Max Seckler aus Anlaß seines 65. Geburtstags zugedacht;

er wurde zuerst in der aus diesem Anlaß erschienenen Festschrift veröffentlicht. Seine Fragestellung liegt derjenigen des ersten und dritten Beitrags voraus und kann in gewisser Hinsicht zugleich als deren Grundlegung angesehen werden. Nur wenn dem Menschen das Sittliche innerlich ist und nur wenn er in seinem Innersten über sich selbst hinausreicht, sind Sittlichkeit und Freiheit keine Gegensätze, sondern einander bedingende und sich gegenseitig aufbauende Realitäten. So muß die Frage nach der politischen Freiheit bei der Frage der sittlichen Freiheit ansetzen und diese wiederum muß zu klären versuchen, woher ein jeder sein Ichsein, seine Wahrheit empfängt. An dieser Stelle tritt die Gottesfrage unweigerlich in die Frage nach dem Menschen ein; die Gottesfrage wiederum kann nicht abstrakt gestellt werden, sie ist von der Begegnung der menschlichen Geschichte mit Jesus Christus unabtrennbar. Die schwierigen Probleme, die damit umschrieben sind, wollte ich nicht einfach rein theoretisch behandeln; ich habe sie aus den konkreten Erfahrungen meines eigenen Denkweges zu entfalten versucht. Meine Hoffnung ist, daß gerade so das Wesentliche in seinem menschlichen Realismus, jenseits bloßer Schulweisheiten, zur Anschauung kommt.

Rom, 6. August 1993 *Joseph Cardinal Ratzinger*

I

Die Freiheit, das Recht und das Gute

Moralische Prinzipien in demokratischen Gesellschaften *

* Rede anläßlich der Aufnahme als membre associé étranger in die Académie des Sciences Morales et Politiques des Institut de France am 7. November 1992 in Paris

Es ist für mich eine große Ehre, nunmehr dem Institut de France angehören zu dürfen, und dies in der Nachfolge der großen Gestalt von Andrej Dimitrijewitsch Sacharow. Dafür danke ich von Herzen. Sacharow gehörte zu den bedeutenden Vertretern seiner Wissenschaft, der Physik, aber er war mehr als ein bedeutender Gelehrter: Er war ein großer Mensch. Er hat um die Menschlichkeit des Menschen, um seine sittliche Würde und seine Freiheit gerungen und dafür auch den Preis des Leidens, der Verfolgung, des Verzichts auf die Möglichkeit weiterer wissenschaftlicher Arbeit auf sich genommen. Wissenschaft kann der Menschlichkeit dienen, sie kann aber auch zum Instrument des Bösen werden und ihm dann erst seine volle Schrecklichkeit verleihen. Nur wenn sie getragen ist von sittlicher Verantwortung, vermag sie ihr wahres Wesen zu erfüllen.

1. Der öffentliche Anspruch des Gewissens

Ich weiß nicht, wann und wie Sacharow diese Zusammenhänge in ihrem ganzen Ernst deutlich geworden sind. Eine kurze Notiz über eine Begebenheit aus dem Jahr 1955 gibt einen Hinweis. Im November 1955 waren sehr wichtige Versuche mit thermo-nuklearen Waffen angestellt worden, bei denen es zu tragischen Ereignissen kam: dem Tod eines jungen Soldaten und eines zweijährigen Mädchens. Bei einem anschließenden kleinen Bankett erhob Sacharow sein Glas zu einem Trinkspruch, bei dem er sagte, er hoffe, daß russische Waffen nie über Städten explodieren würden. Der Leiter des Tests, ein hoher Offizier, erklärte in seiner Antwort, die Aufgabe der Gelehrten sei es, die Waffen zu verbessern; wie sie verwendet werden, sei nicht ihre Sache. Ihr Verstand sei dafür nicht zuständig. Sacharow kommentiert dazu, er habe schon damals geglaubt, was er auch jetzt noch glaube, „daß kein einziger Mensch seinen Teil der Verantwortung für eine Sache, von der die Existenz der Menschheit abhängt, zurückweisen kann"[1]. Der Offizier hatte im Grunde – vielleicht ohne sich dessen bewußt zu sein – das Sittliche als eine eigene Größe geleugnet, in der jeder Mensch zuständig ist. Für ihn gab es offenbar nur Fachkompetenzen wissenschaftlicher, politischer, militärischer Natur. In Wahrheit gibt es keine Fachkompetenz, die das Recht verleihen könnte, Menschen zu töten oder töten zu lassen. Die Leugnung einer gemeinsamen menschlichen Einsichtsfähigkeit in das, was den Menschen als Menschen betrifft, schafft ein neues Klassensystem und erniedrigt damit alle, weil der Mensch

[1] Vgl. *A. D. Sacharow,* Mein Land und die Welt, Wien ²1976, S. 82.

als solcher nun nicht mehr vorkommt. Die Leugnung des sittlichen Prinzips, die Leugnung jenes allen Spezialisierungen vorausliegenden Erkenntnisorgans, das wir Gewissen nennen, leugnet den Menschen. Sacharow hat auf diese Verantwortung jedes einzelnen für das Ganze immer wieder mit großem Nachdruck hingewiesen und in der Wahrnehmung dieser Verantwortung seine eigentliche Sendung gefunden.

Seit 1968 war er von Arbeiten ausgeschlossen, die Staatsgeheimnisse betrafen; um so mehr hat er den öffentlichen Anspruch des Gewissens vertreten. Sein Denken kreist fortan um die Menschenrechte, um die moralische Erneuerung des Landes und der Menschheit, um die allgemein menschlichen Werte überhaupt und um das Gebot des Gewissens. Er, der sein Land zutiefst liebte, mußte zum Ankläger eines Regimes werden, das die Menschen in Stumpfheit, Müdigkeit, Gleichgültigkeit hineintrieb, sie äußerlich und innerlich verelendete. Nun könnte man sagen, mit dem Sturz des kommunistischen Systems habe sich Sacharows Sendung erfüllt; sie sei ein wichtiges Kapitel in der Geschichte der politischen Moral, das aber nun der Vergangenheit angehöre. Ich glaube, daß eine solche Auffassung ein großer und gefährlicher Irrtum wäre. Zunächst ist klar, daß Sacharows allgemeine Orientierung auf Menschenwürde und Menschenrechte, der Gehorsam dem Gewissen gegenüber, auch um den Preis des Leidens, eine Botschaft bleibt, die ihre Aktualität auch dann nicht verliert, wenn der politische Kontext nicht mehr besteht, in dem diese Botschaft ihre eigene Aktualität erhalten hatte.

Darüber hinaus glaube ich, daß die Gefährdungen des Menschen, die mit der Herrschaft der marxistischen Parteien zu konkreten politischen Mächten der Zerstörung der Menschlichkeit geworden waren, in anderer Weise auch heute fortdauern.

Robert Spaemann hat kürzlich davon gesprochen, daß nach dem Fall der Utopie heute ein banaler Nihilismus sich auszubreiten beginnt, der in seinen Ergebnissen nicht weniger gefährlich werden kann[2]. Er nennt als Beispiel den amerikanischen Philosophen Richard Rorty, der die neue Utopie des Banalen formuliert hat. Rortys Ideal ist eine liberale Gesellschaft, in der absolute Werte und Maßstäbe nicht mehr existieren werden; das Wohlbefinden wird die einzige Sache sein, die anzustreben sich lohnt. Sacharow hat die Gefahr, die sich in dieser Entleerung des Menschlichen anmeldet, in seiner behutsamen, aber durchaus entschiedenen Kritik der westlichen Welt vorweggenommen, wenn er von der „linksliberalen Mode" spricht sowie die Naivität und den Zynismus anprangert, die den Westen häufig lähmen, wo es

[2] *R. Spaemann,* La perle précieuse et le nihilisme banal, in: Catholica 1992, Nr. 33, S. 43–50, Zitat S. 45.

um das Wahrnehmen seiner moralischen Verantwortung ginge[3].

2. Individuelle Freiheit und gemeinschaftliche Werte

Hier stehen wir vor der Frage, die Sacharow heute an uns stellt: Wie kann die freie Welt ihrer moralischen Verantwortung gerecht werden? Die Freiheit behält ihre Würde nur, wenn sie auf ihren sittlichen Grund und auf ihren sittlichen Auftrag bezogen bleibt. Eine Freiheit, deren einziger Inhalt in der Möglichkeit der Bedürfnisbefriedigung bestünde, wäre keine menschliche Freiheit; sie bliebe im Bereich des Animalischen. Die inhaltslose Individualfreiheit hebt sich selber auf, weil die Freiheit des einzelnen nur in einer Ordnung der Freiheiten bestehen kann. Freiheit bedarf eines gemeinschaftlichen Inhalts, den wir als die Sicherung der Menschenrechte definieren könnten. Nochmals anders ausgedrückt: Der Begriff der Freiheit verlangt seinem Wesen nach die Ergänzung durch zwei weitere Begriffe: das Recht und das Gute. Wir könnten sagen: Zu ihr gehört die Wahrnehmungsfähigkeit des Gewissens für die grundlegenden und jeden angehenden Werte der Menschlichkeit.

---

[3] *A. D. Sacharow*, a.a.O., S. 17; vgl. auch 44f u.ö.

An dieser Stelle müssen wir das Denken Sacharows heute fortführen, um es angemessen in die Situation der Gegenwart zu übertragen. Sacharow hat bei aller Dankbarkeit für den Einsatz der freien Welt zu seinen Gunsten und zugunsten anderer Verfolgter das Versagen des Westens immer wieder in vielen politischen Vorgängen und an vielen persönlichen Schicksalen dramatisch erleben müssen. Er sah es nicht als seine Aufgabe an, die tieferen Gründe dafür zu analysieren, aber er hat doch deutlich gesehen, daß Freiheit häufig egoistisch und oberflächlich verstanden wird [4]. Freiheit kann man nicht nur für sich haben wollen; sie ist unteilbar und muß immer als Auftrag für die ganze Menschheit gesehen werden. Das bedeutet, daß man sie nicht ohne Opfer und Verzichte haben kann. Sie verlangt die Sorge darum, daß Moral als eine öffentliche und gemeinschaftliche Bindung so verstanden werde, daß man ihr – die an sich ohne Macht ist – die eigentliche Macht zuerkenne, die dem Menschen dient. Freiheit verlangt, daß die Regierungen und alle, die Verantwortung tragen, sich vor dem beugen, was aus sich wehrlos dasteht und keinen Zwang ausüben kann.

An dieser Stelle liegt die Gefährdung der modernen Demokratien, mit der wir uns im Geiste Sacharows auseinandersetzen müssen. Denn es ist schwer zu sehen, wie die Demokratie, die auf

---

[4] Vgl. z.B. a.a.O., S. 21f, 89.

dem Mehrheitsprinzip beruht, ohne einen ihr fremden Dogmatismus einzuführen, diejenigen moralischen Werte in Geltung halten kann, die von keiner Mehrheitsüberzeugung getragen werden. Rorty meint dazu, eine an der Mehrheit orientierte Vernunft schließe immer einige intuitive Ideen mit ein wie etwa die Ablehnung der Sklaverei. Noch weit optimistischer äußerte sich im 17. Jahrhundert P. Bayle. Am Ende der blutigen Kriege, in die die großen Glaubensstreitigkeiten Europa gestürzt hatten, meinte er, Metaphysik berühre das politische Leben nicht; es genüge die praktische Wahrheit. Es gebe nur eine einzige, universelle und notwendige Moral, die ein wahres und klares Licht sei, das alle Menschen wahrnehmen, sobald sie nur die Augen öffnen[5]. Bayles Ideen spiegeln die geistesgeschichtliche Situation seines Jahrhunderts: Die Einheit im Glauben war zerfallen, Wahrheiten des metaphysischen Bereichs waren nicht mehr als gemeinsames Gut festzuhalten. Aber noch waren die wesentlichen moralischen Grundüberzeugungen, mit denen das Christentum die Seelen geformt hatte, selbstverständliche Gewißheiten, die scheinbar von der Vernunft allein in ihrer reinen Evidenz wahrgenommen werden konnten.

[5] Vgl. *V. Possenti,* Le società liberali al bivio. Lineamenti di filosofia della società, Genova 1991, S. 293; vgl. dazu den dritten Beitrag dieses Buches, S. 67 ff.

Die Entwicklungen dieses Jahrhunderts haben uns gelehrt, daß es diese Evidenz als in sich ruhende und verlässige Grundlage aller Freiheit nicht gibt. Der Blick auf die wesentlichen Werte kann der Vernunft sehr wohl verlorengehen; auch die Intuition, auf die Rorty baut, hält nicht unbegrenzt. Die von ihm etwa angesprochene Einsicht, daß Sklaverei abzulehnen ist, bestand jahrhundertelang nicht, und wie leicht man von ihr wieder abfallen kann, zeigt die Geschichte der totalitären Staaten in unserem Jahrhundert mit hinlänglicher Deutlichkeit. Freiheit kann sich selbst aufheben, ihrer selbst überdrüssig werden, wenn sie leer geworden ist. Auch dies haben wir in unserem Jahrhundert erlebt, daß ein Mehrheitsentscheid dazu dient, die Freiheit außer Kraft zu setzen.

Wenn Sacharow durch die Erfahrung von Naivität und Zynismus im Westen beunruhigt war, so steht dahinter dieses Problem einer leeren und richtungslosen Freiheit. Der strenge Positivismus, der sich in der Verabsolutierung des Mehrheitsprinzips ausdrückt, schlägt irgendwann unvermeidlich in Nihilismus um. Dieser Gefahr müssen wir entgegentreten, wenn es um die Verteidigung der Freiheit und der Menschenrechte geht.

Der Danziger Politiker Hermann Rauschning hat 1938 den Nationalsozialismus als Revolution des Nihilismus diagnostiziert: „Es gab und gibt kein Ziel, das nicht der Nationalsozialismus um der Bewegung willen jederzeit preiszugeben oder aufzustellen bereit wäre."[6] Der Nationalsozialismus war nur ein Instrument, dessen sich der Nihilismus bediente, das er aber auch jederzeit wegzuwerfen und durch anderes zu ersetzen bereit war. Mir scheint, daß auch die Vorgänge, die wir im heutigen Deutschland mit einiger Beunruhigung beobachten, mit dem Etikett der Fremdenfeindlichkeit nicht hinlänglich erfaßt werden können. Auch hier liegt letzten Endes ein Nihilismus zugrunde, der aus der Entleerung der Seelen kommt: In der nationalsozialistischen wie in der kommunistischen Diktatur gab es keine Handlung, die als in sich schlecht und immer unmoralisch angesehen worden wäre. Was den Zielen der Bewegung oder der Partei diente, war gut, wie unmenschlich es auch sein mochte. So ist schon über Jahrzehnte hin ein Zertreten des moralischen Sinnes vor sich gegangen, das zum vollständigen Nihilismus werden muß in dem Augenblick, in dem keines der vorherigen Ziele mehr galt und Freiheit nur als Möglichkeit stehenblieb, alles zu tun, was ein leer gewordenes Leben einen Augenblick spannend und interessant machen kann.

---

[6] *H. Rauschning,* Die Revolution des Nihilismus, Zürich 1938, neu hrsg. (mit Kürzungen) von *Golo Mann,* Zürich 1964. – Vgl. *J. Ratzinger,* Kirche, Ökumene und Politik, Einsiedeln 1987, S. 153f.

3. Respektierung eines Grundbestands an Menschlichkeit

Kommen wir auf die Frage zurück, wie dem Recht und dem Guten in unseren Gesellschaften gegen Naivität und Zynismus Kraft gegeben werden kann, ohne daß solche Kraft des Rechten durch äußeren Zwang auferlegt oder gar willkürlich definiert würde. In diesem Betracht hat mich immer Tocquevilles Analyse der „Demokratie in Amerika" beeindruckt. Eine wesentliche Voraussetzung dafür, daß dieses an sich zerbrechliche Gebilde doch zusammenhält und eine Ordnung der Freiheiten in gemeinschaftlich gelebter Freiheit ermöglicht, sah der große politische Denker darin, daß in Amerika eine vom protestantischen Christentum genährte moralische Grundüberzeugung lebendig war, die erst den Institutionen und den demokratischen Mechanismen ihre tragenden Grundlagen gab [7]. In der Tat können Institutionen nicht halten und wirken ohne gemeinsame sittliche Überzeugungen. Diese aber können aus bloßer empirischer Vernunft nicht kommen. Auch Mehrheitsentscheidungen werden nur dann wahrhaft menschlich und vernünftig bleiben, wenn sie einen Grundbestand an Menschlichkeit voraussetzen und ihn als das eigentliche gemeinsame

---

[7] *A. Jardin,* Alexis de Tocqueville 1805–1859, Paris 1984, z. B. S. 210 (deutsch: Darmstadt 1991, S. 194).

Gut, die Voraussetzung aller anderen Güter respektieren. Solche Überzeugungen verlangen entsprechende menschliche Haltungen, und die Haltungen können nicht gedeihen, wenn der geschichtliche Grund einer Kultur und die darin verwahrten sittlich-religiösen Einsichten nicht geachtet werden. Sich von den großen sittlichen und religiösen Kräften der eigenen Geschichte abzuschneiden ist Selbstmord einer Kultur und einer Nation. Die wesentlichen moralischen Einsichten zu pflegen, sie als ein gemeinsames Gut zu wahren und zu schützen, ohne sie zwanghaft aufzuerlegen, scheint mir eine Bedingung für das Bleiben der Freiheit gegenüber allen Nihilismen und ihren totalitären Folgen zu sein.

An dieser Stelle sehe ich auch den öffentlichen Auftrag der christlichen Kirchen in der Welt von heute. Es ist dem Wesen der Kirche gemäß, daß sie vom Staat getrennt ist und daß ihr Glaube nicht durch den Staat auferlegt werden darf, sondern auf frei gewonnenen Überzeugungen beruht. Zu diesem Punkt gibt es ein schönes Wort des Origenes, das leider nicht immer genügend beachtet worden ist: „Christus trägt über keinen den Sieg davon, der es nicht will. Er siegt nur durch Überzeugen. Er ist ja das WORT Gottes."[8] Zur Kirche

---

[8] Psalmenfragmente 4,1: PG 12, 1133 B; vgl. *M. Geerard,* Clavis Patrum Graecorum I, 1983, S. 151. Deutsche Übersetzung: *H. U. von Balthasar,* Geist und Feuer, Einsiedeln ³1991, S. 277.

gehört es, nicht Staat oder Teil des Staates, sondern Überzeugungsgemeinschaft zu sein. Zu ihr gehört es aber auch, daß sie sich in Verantwortung für das Ganze weiß und sich nicht auf sich selbst beschränken kann. Sie muß aus ihrer Freiheit in die Freiheit aller hineinsprechen, damit die moralischen Kräfte der Geschichte Kräfte der Gegenwart bleiben und damit jene Evidenz der Werte immer neu entsteht, ohne die gemeinschaftliche Freiheit nicht möglich ist.

II

Wenn du den Frieden willst, achte das Gewissen jedes Menschen

Gewissen und Wahrheit

Die Frage nach dem Gewissen ist heute, besonders im Bereich der katholischen Moraltheologie, zum Kernpunkt des Moralischen und seiner Erkenntnis geworden. Diese Auseinandersetzung kreist um die Begriffe Freiheit und Norm, Autonomie und Heteronomie, Selbstbestimmung und Fremdbestimmung durch Autorität. Das Gewissen erscheint dabei als das Bollwerk der Freiheit gegenüber den Einengungen der Existenz durch die Autorität. Dabei werden dann zwei Konzeptionen des Katholischen gegenübergestellt: ein erneuertes Verständnis seines Wesens, das den christlichen Glauben vom Grund der Freiheit her und als Prinzip der Freiheit entfaltet, und ein überholtes, „vorkonziliares" Modell, das die christliche Existenz der Autorität unterwirft, die das Leben bis in die intimen Bereiche hinein normiert und dadurch ihre Macht über die Menschen aufrechtzuerhalten versucht. So scheinen *Gewissensmoral* und *Autoritätsmoral* als zwei gegensätzliche Modelle im Kampf miteinander zu liegen; die Freiheit des Christenmenschen würde dann durch den Ursatz moralischer Überlieferung gerettet, daß das *Gewissen* die *oberste Norm* ist, der der Mensch – auch gegen die Autorität – zu folgen hat. Wenn die Autorität, das heißt in diesem Fall das kirchliche Lehramt, in Dingen der Moral spricht, so könnte sie demnach dem Gewissen Material für seine eigene Urteilsbildung liefern, die aber doch das letzte Wort behalten müßte. Diese Letztinstanzlichkeit des Gewissens wird von manchen Autoren auf die Formel gebracht, das Gewissen sei unfehlbar[1].

An dieser Stelle kann nun allerdings Widerspruch aufsteigen. Daß man einem *klaren Gewissensspruch immer folgen muß,* zumindest nicht gegen ihn handeln darf, ist *unbestritten.* Aber ob das Gewissensurteil oder was man für ein solches

---

[1] Diese These wurde anscheinend zuerst von J. G. Fichte aufgestellt: „Das Gewissen irrt nie und kann nie irren", denn es ist „selbst Richter aller Überzeugung", der „keinen höheren Richter über sich anerkennt. Es entscheidet in der letzten Instanz und ist selbst inappellabel" (System der Sittenlehre. 1798, III, § 15; Werke Bd. 4, Berlin 1971, S. 174). Vgl. *H. Reiner,* Gewissen, in: J. Ritter (Hrsg.), Historisches Wörterbuch der Philosophie III, 574–592, hierzu 586. Die Gegenargumente hatte im voraus schon Kant formuliert: sie erscheinen vertieft bei Hegel, für den das Gewissen „als formelle Subjektivität ... auf dem Sprunge" ist, „ins Böse umzuschlagen": Vgl. *H. Reiner,* ebd. Trotzdem ist die These von der Unfehlbarkeit des Gewissens in der theologischen Populärliteratur derzeit wieder stark im Vordringen. Eine in gewisser Hinsicht vermittelnde Position finde ich bei *E. Schockenhoff,* Das umstrittene Gewissen, Mainz 1990, der zwar ausdrücklich mit der Möglichkeit rechnet, daß das Gewissen sich selbst verfehlt, „weil es an der anderen Forderung des moralischen Gesetzes, der gegenseitigen Anerkennung freier Vernunftwesen, irre wird" (S. 139), der aber – auf Linsenmann gestützt – die Rede vom irrenden Gewissen ablehnt: „Im Blick auf die Gewissensqualität als solche gibt es keinen Sinn, von Irrtum zu reden, weil dieser sich von keiner übergeordneten Warte aus feststellen läßt" (S. 136). Wieso nicht? Gibt es keine uns allen gemeinsam zugängliche Wahrheit über das Gute? Gewiß, das so Gesagte wird dann erheblich nuanciert, so daß mir am Schluß nur noch weniger einsichtig ist, warum der Begriff des irrenden Gewissens unhaltbar sein soll. Hilfreich zur Frage *M. Honecker,* Einführung in die theologische Ethik, Berlin 1990, S. 138ff.

ansieht, auch immer recht habe, ob es unfehlbar sei, ist eine andere Frage. Denn wenn es so wäre, würde dies ja heißen, daß es keine Wahrheit gibt – zumindest in Sachen der Moral und der Religion, also im Bereich der eigentlichen Grundlagen unserer Existenz. Denn die Gewissensurteile widersprechen sich; es gäbe also nur eine Wahrheit des Subjekts, die sich auf dessen Wahrhaftigkeit reduzieren würde. Aus dem Subjekt würde dann keine Tür und kein Fenster herausführen ins Ganze und ins Gemeinsame hinein. Wer dieses zu Ende denkt, wird zur Erkenntnis kommen, daß dann aber auch keine wirkliche Freiheit existiert und daß die vermeintlichen Gewissenssprüche nur Reflexe sozialer Vorgegebenheiten sind. Das müßte dann zu der Einsicht führen, daß die Gegenüberstellung von Freiheit und Autorität irgend etwas ausläßt; daß es noch etwas Tieferes geben muß, wenn Freiheit und damit Menschsein einen Sinn haben sollen.

1. Ein Gespräch über das irrige Gewissen und erste Schlußfolgerungen

Auf diese Weise ist wohl sichtbar geworden, daß uns die Frage nach dem Gewissen tatsächlich in den Kernbereich des moralischen Problems und so der Frage nach der Existenz des Menschen überhaupt führt. Ich möchte nun versuchen, diese

Frage nicht in Form einer streng begrifflichen und dann notwendig reichlich abstrakten Erwägung darzustellen, sondern möchte auf „narrativem" Wege vorgehen, indem ich zunächst von der Geschichte meines eigenen Umgangs mit diesem Problem erzähle. Es kam mir zum ersten Mal mit seiner ganzen Dringlichkeit in der Anfangszeit meiner akademischen Wirksamkeit vor die Augen. Ein älterer Kollege, dem die Not des Christseins in unserer Zeit auf der Seele lag, äußerte damals in einem Disput die Meinung, man müsse eigentlich Gott dankbar sein, daß er so vielen Menschen schenke, guten Gewissens ungläubig zu werden. Denn wenn ihnen die Augen aufgingen und sie gläubig würden, wären sie nicht imstande, in dieser unserer Welt die Last des Glaubens und seine moralischen Verpflichtungen zu ertragen. Nun aber, da sie guten Gewissens einen anderen Weg gingen, könnten sie dennoch zum Heil gelangen. Was mich an dieser Behauptung schockierte, war zunächst nicht die Idee eines von Gott selbst gegebenen irrigen Gewissens, um mit dieser List die Menschen retten zu können, sozusagen die Idee einer von Gott zum Heil der Betreffenden geschickten Verblendung. Was mich störte, war die Vorstellung, daß danach der Glaube eine kaum zu ertragende und wohl nur für starke Naturen zu meisternde Last wäre, beinahe eine Art Strafe, jedenfalls eine Zumutung nicht leicht zu bewältigender Art. Er würde danach das Heil nicht erleichtern, sondern erschweren. Froh sein müßte demnach, wem nicht aufgebürdet wird, glauben zu müssen und sich dem Joch der Moral des Glaubens der katholischen Kirche zu beugen. Das irrige Gewissen, das einen leichter leben läßt und einen menschlicheren Weg zeigt, wäre dann die eigentliche Gnade, der normale Weg zum Heil. Die Unwahrheit, das Fernbleiben der Wahrheit, wäre dem Menschen besser als die Wahrheit; nicht die Wahrheit würde ihn befreien, sondern von ihr müßte er befreit werden. Der Mensch wäre besser im Dunkel zu Hause als im Licht; der Glaube nicht gutes Geschenk des guten Gottes, sondern eher ein Verhängnis. Wie sollte, wenn es so steht, Freude am Glauben aufkommen? Wie gar der Mut, ihn anderen weiterzugeben? Wäre es dann nicht besser, andere damit zu verschonen oder gar sie davon abzuhalten? Vorstellungen dieser Art haben in den letzten Jahrzehnten zusehends die Bereitschaft zur Evangelisierung gelähmt: Wer den Glauben als schwere Last, als moralische Zumutung sieht, mag andere nicht dazu einladen; er läßt sie besser in der vermeintlichen Freiheit ihres guten Gewissens.

Der so sprach, war ein redlicher Gläubiger und, ich würde sagen: ein strenger Katholik, der seine Pflicht mit Überzeugung und Genauigkeit erfüllte. Aber er drückte dabei eine Form von Glaubenserfahrung aus, die nur beunruhigen kann und deren Ausbreitung für den Glauben tödlich sein müßte. Die geradezu *traumatische Aversion* vieler *gegen* das, was sie für *„vorkonziliaren" Katholizismus* halten, beruht meiner Überzeugung nach auf der *Begegnung mit* solchem *nur noch Last gebliebenen Glauben.* Hier stehen freilich Fragen der grundsätzlichsten Art auf: Kann solcher Glaube eigentlich Begegnung mit der Wahrheit sein? Ist die Wahrheit über Mensch und Gott so traurig und so schwer, oder liegt die Wahrheit nicht gerade in der Überwindung solcher Gesetzlichkeit? Liegt sie nicht doch in der Freiheit? Aber wohin führt dann die Freiheit? Welchen Weg weist sie uns? Wir werden am Schluß auf diese Grundprobleme christlicher Existenz im Heute zurückkommen müssen; vorab müssen wir aber zum Kern unseres Themas, zur Sache des Gewissens zurückkehren. Am erwähnten Argument hatte mich, wie schon gesagt, zunächst die Karikatur von Glaube erschreckt, die ich darin zu finden glaubte. In einem zweiten Überlegungsgang erschien mir aber auch der Gewissensbegriff falsch, der dabei vorausgesetzt wurde. Das irrige Gewissen schützt den Menschen vor den Zumutungen der Wahrheit und rettet ihn dadurch – so hatte ja das Argument gelautet. Das Gewissen erschien hier nicht als das Fenster, das dem Menschen den Durchblick zur gemeinsamen, uns alle gründenden und tragenden Wahrheit öffnet und uns so Gemeinschaft des Wollens und der Verantwortung aus der Gemeinsamkeit des Erkennens heraus ermöglicht. Gewissen ist da nicht die Erschlossenheit des Menschen für den ihn tragenden Grund, die Kraft des Vernehmens für das Höchste und Wesentliche. Es erscheint vielmehr als der Schutzmantel der Subjektivität, in dem der Mensch sich vor der Wirklichkeit bergen und verbergen kann. Insofern war hier eigentlich die Gewissensidee des Liberalismus vorausgesetzt. Das Gewissen öffnet nicht den Weg zur rettenden Straße der Wahrheit, die es entweder gar nicht gibt oder die uns überfordert. Es wird so zur Rechtfertigung für die Subjektivität, die sich nicht in Frage stellen lassen möchte, wie auch für den sozialen Konformismus, der als Mittelwert zwischen den verschiedenen Subjektivitäten das Zusammenleben ermöglichen soll. Verpflichtung zur Wahrheitssuche wie Zweifel an der Durchschnittshaltung und ihren Gewohnheiten entfallen. Das Überzeugtsein vom Eigenen wie auch umgekehrt die Anpassung an die anderen genügen. Der Mensch ist auf seine oberflächliche Überzeugung reduziert, und je weniger Tiefe er hat, um so besser für ihn.

Was mir an diesem Gespräch nur am Rande bewußt geworden war, zeigte sich wenig später in greller Deutlichkeit bei einem Disput im Kollegenkreis über die rechtfertigende Kraft des irrigen Gewissens. Irgend jemand warf gegen diese These ein, wenn das allgemein gelten würde, dann wären ja auch die SS-Leute gerechtfertigt und im Himmel zu suchen, die in fanatischer Überzeugung und mit einer völligen Gewissenssicherheit ihre Untaten vollbracht hatten. Ein anderer antwortete darauf mit großer Selbstverständlichkeit, so sei es in der Tat. Es bestehe überhaupt kein Zweifel, daß Hitler und seine Mittäter, zutiefst von ihrer Sache überzeugt, gar nicht anders handeln durften und daher – bei aller objektiven Schrecklichkeit ihres Tuns – subjektiv moralisch gehandelt hätten. Da sie nun einmal ihrem – wenn auch fehlgeleiteten – Gewissen folgten, müsse man ihr Handeln als für sie moralisch anerkennen und könne daher auch an ihrer ewigen Rettung nicht zweifeln. Seit jenem Gespräch weiß ich mit aller Sicherheit, daß irgend etwas an der Theorie von der rechtfertigenden Kraft des subjektiven Gewissens nicht stimmt, daß – mit anderen Worten – ein Gewissensbegriff falsch ist, der zu solchen Ergebnissen führt. Das feste subjektive Überzeugtsein und das daraus folgende Fehlen von Zweifel und Skrupel rechtfertigt den Menschen nicht. Etwa dreißig Jahre später fand ich bei dem Psychologen Albert Görres in knappen Worten die Erkenntnisse zusammengefaßt, die ich damals langsam auf den Begriff zu bringen versuchte und deren Entfaltung den Kern unserer Überlegungen bilden soll. Görres weist darauf hin, daß das Schuldgefühl, die Fähigkeit, Schuld zu erkennen, zum seelischen Haushalt des Menschen wesentlich gehört. Das Schuldgefühl, das eine falsche Gewissensruhe aufbricht und die

Wortmeldung des Gewissens gegen meine selbstzufriedene Existenz genannt werden könnte, ist dem Menschen so nötig wie der körperliche Schmerz als Signal, das Störungen der normalen Lebensfunktion erkennen läßt. Wer nicht mehr fähig ist, Schuld zu sehen, ist seelisch krank, „ein lebendiger Leichnam, eine Charaktermaske", wie Görres sagt[2]. „Keine Schuldgefühle haben unter anderem Unmenschen, Monstren. Vielleicht hatte Hitler keine oder Himmler oder Stalin. Vielleicht haben Mafia-Patrone keine, aber vermutlich sind deren Leichen nur gut im Keller versteckt. Auch die abgetriebenen Schuldgefühle ... Alle Menschen brauchen Schuldgefühle."[3]

Übrigens hätte schon ein Blick in die Schrift vor solchen Diagnosen und vor einer solchen Theorie der Rechtfertigung durch das irrende Gewissen bewahren können. Im Psalm 19,13 steht der ewig bedenkenswerte Satz: „Wer bemerkt seine eigenen Fehler? Sprich mich frei von der Schuld, die mir nicht bewußt ist!" Das ist nicht alttestamentlicher Objektivismus, sondern tiefste menschliche Weisheit: Das *Nicht-mehr-Sehen von Schuld,* das *Verstummen des Gewissens* in so vielen Bereichen ist eine *gefährlichere Erkrankung der Seele* als die immerhin noch *als* Schuld *erkannte Schuld.*

---

[2] *A. Görres,* Schuld und Schuldgefühle, in: Internationale katholische Zeitschrift „Communio" 13 (1984) S. 434.
[3] Ebd., S. 142.

Wer nicht mehr bemerkt, daß Töten Sünde ist, ist tiefer gefallen, als wer noch das Schändliche seines Tuns erkennt, weil er von der Wahrheit und von der Bekehrung weiter entfernt ist. Nicht umsonst erscheint in der Begegnung mit Jesus der Selbstgerechte als der wahrhaft Verlorene. Wenn der Zöllner mit all seinen unbestrittenen Sünden vor Gott gerechter dasteht als der Pharisäer mit all seinen wirklich guten Werken (Lk 18,9–14), so liegt das nicht daran, daß etwa die Sünden des Zöllners keine Sünden wären und die guten Taten des Zöllners keine guten Taten. Es bedeutet nicht, daß das Gute des Menschen vor Gott nicht gut und sein Böses nicht böse oder eben nicht gar so wichtig ist. Der Grund für dieses paradoxe Urteil Gottes zeigt sich genau von unserer Frage her: Der Pharisäer weiß nicht mehr, daß auch er Schuld hat. Er ist mit seinem Gewissen völlig im reinen. Aber dieses Schweigen des Gewissens macht ihn undurchdringlich für Gott und die Menschen, während der Schrei des Gewissens, der den Zöllner umtreibt, ihn der Wahrheit und der Liebe fähig macht. Jesus kann deswegen bei den Sündern wirken, weil sie nicht hinter dem Paravent ihres irrenden Gewissens unzugänglich geworden sind für die Veränderungen, die Gott von ihnen – von uns – erwartet. Er kann deswegen bei den „Gerechten" nicht wirken, weil kein Bedarf für Vergebung und Bekehrung mehr besteht; weil ihr Gewissen sie nicht mehr anklagt, sondern rechtfertigt.

Das gleiche finden wir auf andere Weise bei Paulus wieder, der uns sagt, daß die *Heiden* sehr wohl auch *ohne Gesetz wußten, was Gott* von ihnen *erwartet* (Röm 2,1–16). Die ganze *Theorie von der Rettung durch Unkenntnis bricht* an diesem Vers *zusammen:* Es gibt die gar nicht abzuweisende Gegenwart der Wahrheit im Menschen – jener einen Wahrheit des Schöpfers, die in der heilsgeschichtlichen Offenbarung auch schriftlich geworden ist. Der *Mensch* kann die *Wahrheit Gottes* auf dem Grund seines Geschöpfseins *sehen.* Sie *nicht* zu *sehen ist Schuld.* Sie wird nicht gesehen, wenn und weil sie nicht gewollt wird. Dieses Nein des Willens, das die Erkenntnis hindert, ist Schuld. Denn daß die Signallampe nicht aufleuchtet, ist Folge eines gewollten Wegschauens von dem, was wir nicht sehen mögen[4].

An dieser Stelle unserer Überlegungen ist es möglich, erste Konsequenzen zur Beantwortung der Frage nach dem Wesen des Gewissens zu ziehen. Wir können jetzt sagen: *Es geht nicht an,* das *Gewissen* des Menschen *mit* dem *Selbstbewußtsein* des Ich, *mit* seiner *subjektiven Gewißheit* über sich und sein moralisches Verhalten *zu identifizieren.* Dieses Bewußtsein kann einerseits bloßer Reflex des sozialen Umfelds und der dort verbreiteten Meinungen sein. Es kann andererseits auf einen Mangel an Selbstkritik, an Hören

---

[4] Vgl. *M. Honecker,* a.a.O. (s. Anm. 1), S. 130.

auf die Tiefe der eigenen Seele verweisen. Was nach dem Sturz der marxistischen Systeme im Osten Europas zutage kam, bestätigt diese Diagnose. Die wachsten und lautersten Geister der befreiten Völker sprechen von einer ungeheuren seelischen Verwahrlosung, die in den Jahren der geistigen Verbildung eingetreten sei; von einer Abstumpfung des moralischen Sinns, die als Verlust und Gefahr schwerer wiege als die wirtschaftlichen Schäden, die eingetreten sind. Der neue Moskauer Patriarch hob dies zum Beginn seines Wirkens im Sommer 1990 eindrucksvoll hervor: Die Wahrnehmungsfähigkeit des Menschen, die in einem System des Betrugs lebten, habe sich verdunkelt. Die Gesellschaft habe die Fähigkeit zur Barmherzigkeit eingebüßt, und die menschlichen Gefühle seien verlorengegangen. Eine ganze Generation sei für das Gute, für Taten der Menschlichkeit verloren. „Wir müssen die Gesellschaft zu den ewigen moralischen Werten zurückführen", das heißt: das fast erloschene Gehör für den Zuspruch Gottes im Herzen des Menschen wieder entwickeln. Der Irrtum, *das irrende Gewissen, ist nur im ersten Augenblick bequem.* Dann aber wird das Verstummen des Gewissens zur Entmenschlichung der Welt und zur tödlichen Gefahr, wenn man ihm nicht entgegenwirkt.

Anders ausgedrückt: Die Identifikation des Gewissens mit dem Oberflächenbewußtsein und die Reduktion des Menschen auf seine Subjektivität befreit nicht, sondern versklavt; sie macht uns erst vollends abhängig von den herrschenden Meinungen und erniedrigt das Niveau der herrschenden Meinungen selbst von Tag zu Tag. Wer das Gewissen mit oberflächlicher Überzeugtheit gleichsetzt, identifiziert es mit einer schein-rationalen Sicherheit, die aus Selbstgerechtigkeit, Konformismus und Trägheit gewoben ist. Das Gewissen wird zum Entschuldigungsmechanismus degradiert, während es doch die Transparenz des Subjekts für das Göttliche und so die eigentliche Würde und Größe des Menschen darstellt. Die *Reduktion des Gewissens auf subjektive Gewißheit* bedeutet zugleich den *Entzug der Wahrheit.* Wenn der Psalm in Vorwegnahme der jesuanischen Sicht von Sünde und Gerechtigkeit um Befreiung von unbewußter Schuld bittet, so weist er auf diesen Zusammenhang hin: Gewiß, dem irrenden Gewissen muß man folgen. Aber *der Entzug der Wahrheit,* der *vorausgegangen* ist und der sich nun rächt, *ist die eigentliche Schuld,* die den Menschen in falsche Sicherheit wiegt und ihn am Schluß in der weglosen Wüste allein läßt.

2. Newman und Sokrates – Wegweiser zum Gewissen

An dieser Stelle möchte ich einstweilen abbrechen. Bevor wir versuchen, zusammenhängende Antworten auf die Fragen nach dem Wesen des Gewissens zu formulieren, muß die Basis der Überlegungen über das Persönliche hinaus, von dem wir ausgegangen sind, noch ein wenig verbreitert werden. Freilich möchte ich nicht versuchen, nun einen gelehrten Traktat über die Geschichte der Theorien des Gewissens zu entwickeln, wozu gerade in letzter Zeit verschiedene Beiträge veröffentlicht worden sind [5]. Ich möchte es auch hier beim Exemplarischen und sozusagen beim Narrativen belassen. Ein erster Blick soll sich auf Kardinal Newman richten, dessen Leben und Werk man geradezu als einen einzigen großen Kommentar zur Frage des Gewissens bezeichnen könnte. Auch Newman soll dabei nicht fachwissenschaftlich befragt werden. Der gegebene Rahmen schließt es auch aus, Einzelheiten von Newmans Gewissensbegriff zu erwägen. Ich

---

[5] Vgl. außer dem schon zitierten wichtigen Artikel von H. Reiner und der Arbeit von Schockenhoff an neueren Untersuchungen, *A. Laun,* Das Gewissen. Oberste Norm sittlichen Handelns, Innsbruck 1984; *ders.,* Aktuelle Probleme der Moraltheologie, Wien 1991, S. 31–64; *J. Gründel* (Hg.), Das Gewissen. Subjektive Willkür oder oberste Norm?, Düsseldorf 1990; zusammenfassender Überblick: *K. Golser,* Gewissen, in: H. Rotter – G. Virt, Neues Lexikon der christlichen Moral, Innsbruck – Wien 1990, S. 278–286.

möchte nur versuchen, den Standort des Gewissensbegriffs im Ganzen von Newmans Leben und Denken anzudeuten; die so gewonnene Einsicht wird dann den Blick für die Probleme der Gegenwart schärfen und die Verbindung zur Geschichte öffnen, das heißt zu den großen Zeugen des Gewissens hinführen und zum Ursprung der christlichen Lehre vom Leben nach dem Gewissen.

Wem fiele beim Thema Newman und das Gewissen nicht der berühmte Satz aus dem Brief an den Herzog von Norfolk ein: Wenn ich – was höchst unwahrscheinlich ist – einen Toast auf die Religion ausbringen müßte, würde ich auf den Papst trinken. Aber zuerst auf das Gewissen und dann erst auf den Papst[6]. Nach Newmans Absicht sollte dies – im Gegenüber zu den Einlassungen Gladstones – ein klares Bekenntnis zum Papsttum sein, aber auch – gegenüber Fehlformen des „Ultramontanismus" – eine Interpretation des Papsttums, das nur dann recht begriffen ist, wenn es zusammengesehen wird mit dem Primat des Gewissens – ihm nicht entgegengesetzt, sondern auf ihm gründend und ihn verbürgend. Dies zu verstehen ist für den modernen Menschen

[6] Lett. to Norfolk, S. 261; vgl. *J. Honoré,* Newman, sa vie et sa pensée, Paris 1988, S. 65; *I. Ker,* J. H. Newman. A Biography, Oxford 1990, S. 688 ff. Der deutschsprachige Leser findet einen guten Schlüssel zu Newmans Gewissenslehre bei *J. Arzt,* Newman-Lexikon, Mainz 1975, S. 396–400. Vgl. auch *A. Läpple,* Der einzelne in der Kirche. Wesenszüge einer Theologie des einzelnen nach J. H. Newman, München 1952.

schwierig, der aus der Entgegensetzung von Autorität und Subjektivität heraus denkt. Für ihn steht das Gewissen auf seiten der Subjektivität und ist Ausdruck der Freiheit des Subjekts, während Autorität als deren Einschränkung oder gar Bedrohung und Negation erscheint. So müssen wir hier etwas tiefer gehen, um eine Vision wieder verstehen zu lernen, in der diese Art von Gegensatz nicht gilt.

Der Mittelbegriff, der bei Newman den Zusammenhang von beidem herstellt, ist die Wahrheit. Ich stehe nicht an zu sagen, daß Wahrheit der zentrale Gedanke von Newmans geistigem Ringen ist; das Gewissen ist bei ihm deshalb zentral, weil die Wahrheit in der Mitte steht. Anders gesagt: Die Zentralität des Gewissensbegriffs bei Newman ist gebunden an die vorgängige Zentralität des Wahrheitsbegriffs und nur von dieser her zu verstehen. Die Dominanz der Idee des Gewissens bedeutet bei Newman nicht, daß er nun, im 19. Jahrhundert und im Gegenüber zur „objektivistischen" Neuscholastik, sozusagen eine Philosophie oder Theologie der Subjektivität vertritt. Gewiß, das Subjekt findet bei Newman eine Aufmerksamkeit, wie es sie in katholischer Theologie vielleicht seit Augustin nicht mehr erfahren hatte. Aber es ist eine Aufmerksamkeit auf der Linie Augustins und nicht auf derjenigen der subjektivistischen Philosophie der Neuzeit. Bei seiner Kardinalserhebung hat Newman bekannt, daß sein ganzes Leben ein Kampf gegen den Liberalismus gewesen sei. Wir könnten hinzufügen: auch gegen den christlichen Subjektivismus, wie er ihn in der evangelikalen Bewegung seiner Zeit vorfand, die ihm freilich die erste Stufe seines lebenslangen Bekehrungsweges geschenkt hatte [7]. Gewissen bedeutet für Newman nicht die Maßstäblichkeit des Subjekts gegenüber den Ansprüchen der Autorität in einer wahrheitslosen Welt, die vom Kompromiß zwischen Ansprüchen des Subjekts und Ansprüchen der sozialen Ordnung lebt. Es bedeutet vielmehr die vernehmliche und gebieterische Anwesenheit der Stimme der Wahrheit im Subjekt selbst; Gewissen ist die Aufhebung der bloßen Subjektivität in der Berührung zwischen der Innerlichkeit des Menschen und der Wahrheit von Gott her. Bezeichnend ist der Vers, den Newman 1833 in Sizilien niederschrieb: „Ich liebte eigenen Weg. Jetzt bitte ich: Leucht mir voran!" [8] Die Konversion zum Katholizismus war für Newman nicht Sache des persönlichen Geschmacks, des subjektiven seelischen Bedürfnisses. Dazu äußerte er noch 1844, sozusagen an der Schwelle seiner Konversion: „Niemand kann vom derzeitigen Zustand der römischen Katholiken eine ungünstigere Mei-

---

[7] Vgl. *Ch. St. Dessain,* J. H. Newman, Freiburg 1981; *G. Biemer,* J. H. Newman, Leben und Werk, Mainz 1989.
[8] Aus dem bekannten Gedicht „Lead kindly light"; vgl. *I. Ker,* a.a.O., S. 79; *Ch. St. Dessain,* a. a. O., S. 98f.

nung haben als ich …"[9] Es ging Newman vielmehr darum, erkannter Wahrheit mehr gehorchen zu müssen als eigenem Geschmack, also auch gegen das eigene Empfinden und gegen Bindungen der Freundschaft wie des gemeinsamen Weges. Es scheint mir bezeichnend, daß Newman in der Reihenfolge der Tugenden den Vorrang der Wahrheit vor der Güte betonte oder, für uns verständlicher ausgedrückt: ihren Vorrang vor dem Konsens, vor der Gruppenverträglichkeit. Ich würde sagen: Diese Haltungen sind gemeint, wenn wir von einem Mann des Gewissens sprechen. Ein Mann des Gewissens ist ein Mensch, der niemals Verträglichkeit, Wohlbefinden, Erfolg, öffentliches Ansehen und Billigung von seiten der herrschenden Meinung durch den Verzicht auf Wahrheit erkauft. Darin berührt sich Newman mit dem anderen großen Gewissenszeugen Britanniens, mit Thomas Morus, für den das Gewissen keineswegs Ausdruck seines subjektiven Beharrungswillens oder eines eigensinnigen Heroismus war. Er hat sich selbst zu den ängstlichen Martyrern gezählt, die nur unter Stocken und vielem Fragen sich den Gehorsam gegen das Gewissen abringen: den Gehorsam gegen die Wahrheit, die höher stehen muß als jede soziale Instanz und als jede Art

[9] Correspondence of J. H. Newman with J. Keble and Others, S. 351 und 364; vgl. *Ch. St. Dessain,* a. a. O., S. 163.

von persönlichem Geschmack[10]. So zeigen sich zwei Maßstäbe für die Anwesenheit eines wirklichen Gewissenswortes: Es fällt nicht zusammen mit den eigenen Wünschen und dem eigenen Geschmack; es fällt nicht zusammen mit dem, was das sozial Günstigere ist, mit dem Konsens der Gruppe, mit den Ansprüchen politischer oder sozialer Macht.

An dieser Stelle liegt ein Seitenblick auf die Problematik unseres Zeitalters nahe. Der einzelne darf seinen Aufstieg, sein Wohlbefinden nicht durch Verrat an der erkannten Wahrheit erkaufen. Die Menschheit darf es nicht. Hier berühren wir den eigentlich kritischen Punkt der Neuzeit: Der Begriff Wahrheit ist praktisch aufgegeben und durch den des Fortschritts ersetzt worden. Der Fortschritt selbst „ist" die Wahrheit. Aber durch diese scheinbare Erhöhung wird er richtungslos und hebt sich selber auf. Denn wenn es keine Richtung gibt, kann alles sowohl Fortschritt wie Rückschritt sein. Die von Einstein formulierte Relativitätstheorie betrifft als solche den physischen Kosmos. Aber sie scheint mir auch die Situation des geistigen Kosmos unserer Zeit treffend zu beschreiben. Die Relativitätstheorie besagt, daß es innerhalb des Weltalls keine festen Bezugssysteme gibt. Es ist unsere Festlegung, wenn wir ein

---

[10] Vgl. *P. Berglar,* Die Stunde des Thomas Morus, Olten und Freiburg, 3. Aufl. 1981, S. 155ff.

System als Bezugspunkt erklären, von dem aus wir das Ganze zu messen versuchen, weil wir nur so überhaupt zu Ergebnissen gelangen können. Aber die Festlegung könnte immer auch anders erfolgen. Was über den physischen Kosmos gesagt ist, spiegelt auch die zweite „kopernikanische" Wende in unserem Grundverhältnis zur Wirklichkeit: Die Wahrheit als solche, das Absolute, der Bezugspunkt des Denkens überhaupt, ist nicht mehr sichtbar. Darum gibt es – gerade auch geistig betrachtet – kein Oben und kein Unten mehr. Es gibt keine Richtungen in einer Welt ohne feste Meßpunkte. Was wir als Richtung ansehen, beruht nicht auf einem in sich wahren Maßstab, sondern auf unserer Entscheidung, letztlich auf Gesichtspunkten der Nützlichkeit. In einem solchen „relativistischen" Kontext wird teleologische oder konsequentialistische Ethik letztlich nihilistisch, auch wenn sie es nicht wahrnimmt. Und was man in solcher Weltsicht „Gewissen" nennt, ist – tiefer betrachtet – die Umschreibung dafür, daß es ein eigentliches Gewissen, nämlich ein Mitwissen mit der Wahrheit nicht gibt. Jeder bestimmt sich selbst seine Maßstäbe, und in der allgemeinen Relativität kann auch niemand dem anderen dabei behilflich sein, noch weniger ihm Vorschriften machen.

An dieser Stelle wird die ganze Radikalität des heutigen Disputs um die Ethik und um ihr Zentrum, das Gewissen, sichtbar. Mir scheint, daß ihre eigentliche geistesgeschichtliche Parallele der Streit zwischen Sokrates – Platon und den Sophisten sei, in dem der Urentscheid zwischen zwei Grundhaltungen durchgeprobt worden ist: dem Vertrauen auf die Wahrheitsfähigkeit des Menschen einerseits und einer Weltsicht andererseits, in der nur der Mensch sich selbst seine Maßstäbe schafft[11].

Daß Sokrates, der Heide, in gewisser Hinsicht zum Propheten Jesu Christi werden konnte, liegt meiner Überzeugung nach in dieser Urfrage begründet: Ihr Aufnehmen ist es, das der von ihm inspirierten Weise des Philosophierens sozusagen ein heilsgeschichtliches Privileg gegeben hat und sie als Gefäß für den christlichen Logos geeignet machte, bei dem es um Befreiung durch Wahrheit und zur Wahrheit geht. Wenn man den Streit des Sokrates aus den Zufälligkeiten der Zeitgeschichte löst, wird man schnell erkennen, wie sehr er – mit anderen Argumenten und mit anderen Namen – in der Sache der Streit der Gegenwart ist. Die Resignation gegenüber der Wahrheitsfähigkeit des Menschen führt zunächst zu einem rein formalistischen Gebrauch von Worten und Begriffen.

---

[11] Vgl. zur Auseinandersetzung zwischen Sokrates und den Sophisten *J. Pieper,* Mißbrauch der Sprache – Mißbrauch der Macht, in: ders., Über die Schwierigkeit zu glauben, München 1974, S. 255–282; *ders.,* Kümmert euch nicht um Sokrates, München 1966. Eindringlich ist die Frage nach der Wahrheit als Kern des sokratischen Ringens herausgestellt bei *R. Guardini,* Der Tod des Sokrates, Mainz – Paderborn, 5. Aufl. 1987.

Das Ausfallen der Inhalte wiederum führt zu einem reinen Formalismus des Urteilens, damals wie heute. Man fragt heute vielerorts nicht mehr, *was* ein Mensch denkt. Man hat das Urteil über sein Denken schon in der Hand, wenn man es einer entsprechenden formalen Kategorie zuordnen kann: konservativ, reaktionär, fundamentalistisch, progressiv, revolutionär. Die Zuordnung zu einem formalen Schema genügt, um die Auseinandersetzung mit dem Inhalt unnötig zu machen. Das gleiche zeigt sich verstärkt in der Kunst: *Was* sie aussagt, ist gleichgültig; sie kann Gott oder den Teufel verherrlichen – der einzige Maßstab ist ihr formales Gekonntsein.

Hier sind wir am eigentlichen Brennpunkt angelangt: Wo die Inhalte nicht mehr zählen, wo die reine Praxeologie die Herrschaft übernimmt, wird das Können zum obersten Kriterium. Das aber bedeutet: Die Macht wird zur alles beherrschenden Kategorie – revolutionär oder reaktionär. Dies ist genau die perverse Form von Gottähnlichkeit, von der die Sündenfallsgeschichte spricht: Der Weg des bloßen Könnens, der Weg der reinen Macht ist Nachahmung eines Götzen und nicht Vollzug der Gottebenbildlichkeit. Das Kennzeichen des Menschen als Menschen ist es, daß er nicht nach dem Können, sondern nach dem Sollen fragt und daß er sich der Stimme der Wahrheit und ihres Anspruchs öffnet. Dies war, wie mir scheint, der letzte Inhalt des sokratischen Ringens, und es ist der tiefste Inhalt im Zeugnis aller Martyrer: Sie stehen ein für die Wahrheitsfähigkeit des Menschen als Grenze aller Macht und als Gewähr seiner Gottähnlichkeit. Gerade so sind die Martyrer die großen Zeugen des Gewissens, der dem Menschen verliehenen Fähigkeit, über das Können hinaus das Sollen zu vernehmen und damit wirklichen Fortschritt, wirklichen Aufstieg zu eröffnen.

3. Systematische Konsequenzen: Die zwei Ebenen des Gewissens

a) Anamnesis

Nach all diesen Wanderungen durch die Geistesgeschichte wird es nun Zeit, zu Ergebnissen zu kommen, also einen Begriff des Gewissens zu formulieren. Der *mittelalterlichen Tradition* möchte ich darin recht geben, daß der *Gewissensbegriff zwei Ebenen* umfaßt, die man gut *unterscheiden,* aber auch stets *aufeinander beziehen* muß [12]. Viele unannehmbare Thesen zur Frage des Gewissens scheinen mir darauf zu beruhen, daß man entweder die Unterscheidung oder die Beziehung vernachlässigt hat. Der Hauptstrom der Scholastik hat die zwei Ebenen des Gewissens in

[12] Kurze Zusammenfassung der mittelalterlichen Gewissenslehre bei *H. Reiner,* a.a.O. (s. Anm. 1), S. 582f.

den Begriffen Synderesis und Conscientia ausgedrückt. Das Wort Synderesis (Synteresis) war aus der stoischen Mikrokosmoslehre in die mittelalterliche Gewissenstradition geraten[13]. Es blieb in seiner genauen Bedeutung unklar und wurde so zu einem Hindernis für eine sorgsame Entfaltung dieser wesentlichen Ebene der ganzen Frage nach dem Gewissen. Ich möchte deshalb, ohne in geistesgeschichtliche Dispute einzutreten, dieses problematische Wort durch den viel deutlicher bestimmten platonischen Begriff der Anamnesis ersetzen, der nicht nur sprachlich klarer sowie philosophisch tiefer und reiner ist, sondern vor allem auch mit wesentlichen Motiven des biblischen Denkens und der von der Bibel her entwikkelten Anthropologie zusammenklingt. Mit dem Wort Anamnesis soll hier genau das ausgesagt sein, was Paulus im zweiten Kapitel des Römerbriefs so ausgedrückt hat: „Wenn also Heiden, die das Gesetz nicht haben, von sich aus tun, was das Gesetz will, sind sie, die das Gesetz nicht haben, sich selbst Gesetz. Sie erweisen, daß das vom Gesetz geforderte Werk in ihre Herzen geschrieben ist, wobei ihr Gewissen Zeugnis ablegt ..." (2,14f.). Derselbe Gedanke findet sich eindrucksvoll entfaltet in der großen Mönchsregel des heiligen Basilius. Dort lesen wir: „Die Liebe zu Gott

---

[13] Vgl. *E. von Ivánka,* Plato christianus, Einsiedeln 1964, S. 315–351, bes. 320f.

beruht nicht auf einer von außen uns auferlegten Disziplin, sondern sie ist konstitutiv als Fähigkeit und Notwendigkeit unserem Vernunftwesen eingestiftet." Basilius spricht mit einem in der mittelalterlichen Mystik wichtig gewordenen Wort von dem „Funken göttlicher Liebe, der in uns eingeborgen ist"[14]. Im Geist der johanneischen Theologie weiß er, daß die Liebe im Halten der Gebote besteht, und deswegen bedeutet der uns schöpfungsmäßig eingesenkte Funke der Liebe dies: „Fähigkeit und Bereitschaft zum Vollzug aller göttlichen Gebote haben wir im voraus innen empfangen ... sie sind nicht etwas von außen Auferlegtes." Das gleiche auf seinen einfachen Kern zurückführend, sagt Augustinus dazu: „Wir könnten nicht urteilend sagen, daß das eine besser sei als das andere, wenn uns nicht ein Grundverständnis des Guten eingeprägt wäre."[15]

Das bedeutet: Die erste, sozusagen *ontologische Schicht* des Phänomens *Gewissen* besteht darin, daß uns so etwas wie eine *Urerinnerung an das Gute* und *an das Wahre* (beides ist identisch) eingefügt ist; daß es eine innere Seinstendenz des gottebenbildlich geschaffenen Menschen auf das Gottgemäße hin gibt. Sein Sein selbst klingt von seinem Ursprung her mit dem einen zusammen und steht im Widerspruch mit dem anderen.

---

[14] Regulae fusius tractatae Resp 2, 1: PG 31, 908.
[15] De trin. VIII 3,4: PL 42, 949.

Diese Anamnese des Ursprungs, die sich aus der gottgemäßen Konstitution unseres Seins ergibt, ist nicht ein begrifflich artikuliertes Wissen, ein Schatz von abrufbaren Inhalten. Sie ist sozusagen ein innerer Sinn, eine Fähigkeit des Wiedererkennens, so daß der davon Angesprochene und inwendig nicht verborgene Mensch das Echo darauf in sich erkennt. Er sieht: Das ist es, worauf mein Wesen hinweist und hin will.

Auf dieser *Anamnese des Schöpfers,* die *mit* dem *Grund unserer Existenz identisch ist,* beruhen *Möglichkeit* und *Recht der Mission.* Das Evangelium darf, ja muß den Heiden verkündet werden, weil sie selbst im Verborgenen darauf warten (vgl. Jes 42,4). Die Mission rechtfertigt sich dann, wenn ihre Adressaten bei dem Begegnen mit dem Wort des Evangeliums wieder erkennen: Ja, das ist es, worauf ich gewartet habe. In diesem Sinn kann Paulus sagen: Die Heiden sind sich selbst Gesetz – nicht in der Weise des neuzeitlich-liberalistischen Autonomiegedankens mit seiner Unübersteiglichkeit des Subjekts, sondern in dem viel tieferen Sinn, daß mir nichts so wenig gehört wie ich mir selbst, daß mein eigenes Ich der Ort der tiefsten Selbstüberschreitung und des Berührtseins von dem ist, woher ich komme und wohin ich gehe. Paulus drückt in diesen Sätzen die Erfahrung aus, die er selbst als Heidenmissionar gemacht hatte und die vorher schon Israel im Umgang mit den „Gottesfürchtigen" erleben durfte:

Israel hatte in der Heidenwelt erleben können, was die Boten Jesu Christi erneut bestätigt fanden. Ihre Verkündigung antwortete einer Erwartung. Sie traf auf ein ihr vorgängiges Grundwissen um die wesentlichen Konstanten des in den Geboten schriftlich gewordenen Gotteswillens, das sich in allen Kulturen findet und sich um so reiner entfaltet, je weniger zivilisatorische Eigenmacht dieses Urwissen verstellt. Je mehr der Mensch aus der „Gottesfurcht" lebt – man vergleiche die Korneliusgeschichte (bes. Apg 10,34) –, desto konkreter und klarer wird diese Anamnese auch wirksam.

Nehmen wir noch einmal eine Formulierung des heiligen Basilius auf: Die Gottesliebe, die in den Geboten konkret ist, wird uns nicht von außen auferlegt, betont der Kirchenlehrer, sondern sie ist uns im voraus eingesenkt. Der *Sinn für das Gute ist uns eingeprägt,* formuliert es Augustinus. Nur von hier aus kann man Newmans bekanntes Wort recht verstehen, bei einem eventuellen Toast auf die Religion werde er den Papst hochleben lassen, aber noch vor ihm das Gewissen. Der Papst kann dem gläubigen Katholiken nicht Gebote auferlegen, weil er es will oder weil er es für nützlich findet. Ein solcher neuzeitlich-voluntaristischer Begriff von Autorität kann den wahren theologischen Sinn des Papsttums nur verstellen. Das wahre Wesen des Petrusamtes ist in der Neuzeit wohl gerade deswegen so unverständlich geworden, weil wir Autorität bloß noch von Anschauungen her denken können, in denen es zwischen Subjekt und Objekt keine Brücke mehr gibt und daher alles, was nicht aus dem Subjekt kommt, nur äußerlich auferlegte Fremdbestimmung sein kann. Von der Anthropologie des Gewissens her, wie wir sie in diesen Überlegungen allmählich zu ertasten versuchen, stellen sich die Dinge ganz anders dar. Die unserem Sein eingesenkte Anamnese braucht sozusagen die Nachhilfe von außen, damit sie ihrer selbst inne wird. Aber dies Äußere ist doch nicht etwas ihr Entgegengesetztes, sondern ihr zugeordnet: Es hat mäeutische Funktion, legt ihr nicht Fremdes auf, sondern bringt ihr eigenes, ihre eigene innere Eröffnetheit für die Wahrheit zum Vollzug. Wo es um Glaube und Kirche geht, deren Radius vom erlösenden Logos her über die Gabe der Schöpfung hinausreichen, müssen wir allerdings noch eine weitere Ebene hinzunehmen, die besonders in den Johanneischen Schriften entwickelt ist. Johannes kennt die *Anamnesis des neuen Wir,* das uns in der *Einkörperung in Christus* (ein Leib, d.h.: ein Ich mit ihm) zuteil geworden ist. Erinnernd begriffen sie, heißt es verschiedentlich im Evangelium. Die Urbegegnung mit Jesus hat den Jüngern das gegeben, was nun alle Generationen durch ihre grundlegende Begegnung mit dem Herrn in Taufe und Eucharistie empfangen: *die neue Anamnese des Glaubens,* die sich ähnlich wie die Schöpfungsanamnese im ständigen Dialog von innen und außen entfaltet. Gegenüber der Anmaßung gnostischer Lehrer, die den Gläubigen einreden wollten, ihr naiver Glaube müsse ganz anders aufgefaßt und gewendet werden, konnte Johannes daher sagen: Ihr braucht solcher Belehrung nicht, als Gesalbte (Getaufte) wißt ihr alles (1 Joh 2,20). Das bedeutet nicht ein inhaltliches Alles-Wissen der Gläubigen, aber es bedeutet die Untrüglichkeit des christlichen Gedächtnisses, das zwar immer lernt, aber aus seiner sakramentalen Identität heraus von innen her unterscheidet zwischen dem, was Entfaltung des Erinnerns und was seine Zerstörung oder Verfälschung ist. Die Kraft dieses Erinnerns und die Wahrheit des apostolischen Wortes erfahren wir heute in der Krise der Kirche ganz neu, wo weit mehr als die hierarchische Weisung die Unterscheidungskraft des einfachen Glaubensgedächtnisses zur Scheidung der Geister führt. Nur in diesem Zusammenhang kann man den Primat des Papstes und seinen Zusammenhang mit dem christlichen Gewissen richtig verstehen. Der *wahre Sinn der Lehrgewalt des Papstes* besteht darin, daß er *Anwalt des christlichen Gedächtnisses* ist. Der Papst legt nicht von außen auf, sondern er entfaltet das christliche Gedächtnis und verteidigt es. Deshalb muß in der Tat der Toast auf das Gewissen demjenigen auf den Papst vorangehen, weil es *ohne Gewissen* gar *kein Papsttum* gäbe. Alle Macht, die es hat, ist Macht des Gewissens – Dienst an der doppelten Erinnerung, auf der der Glaube ruht und die immer wieder neu geeinigt, erweitert und verteidigt werden muß gegen die Zerstörung des Gedächtnisses, das sowohl durch eine den eigenen Grund vergessende Subjektivität wie durch den Zwang sozialer und kultureller Konformität bedroht ist.

b) Conscientia

Nach diesen Erwägungen über die erste – wesentlich ontologische – Ebene des Gewissensbegriffs müssen wir uns nun dessen zweiter Schicht zuwenden, die in der mittelalterlichen Tradition allein mit dem Wort Conscientia – Gewissen – bezeichnet wird. Vermutlich hat diese terminologische Tradition nicht unerheblich zur neuzeitlichen Schrumpfung des Gewissensbegriffs beigetragen. Weil zum Beispiel Thomas nur diese zweite Ebene als Conscientia bezeichnet, ist folgerichtig für ihn das Gewissen kein „habitus", das heißt keine dauernde seinshafte Qualität des Menschen, sondern actus – ein Geschehen im Vollzug. Thomas setzt aber dabei selbstverständlich die ontologische Grundlage der Anamnese (Synderesis) als gegeben voraus; er beschreibt diese letztere als ein inneres Widersprechen gegen das Böse und eine innere Zugeordnetheit zum Guten in uns. Der Gewissensakt wendet dieses Grundwissen in den einzelnen Situationen an. Er gliedert sich nach Thomas in drei Elemente: Das

Wiedererkennen (recognoscere), das Zeugnisablegen (testificari) und schließlich das Urteilen (iudicare). Man könnte von einem Zusammenspiel zwischen Kontrollfunktion und Entscheidungsfunktion sprechen[16]. Thomas sieht diesen Vorgang von der aristotelischen Tradition her im Modell eines Schlußverfahrens. Aber er betont sehr nachdrücklich das Spezifische dieses Handlungswissens, dessen Schlußfolgerungen nicht aus bloßem Wissen oder Denken kommen[17].

Ob hier *etwas erkannt oder nicht erkannt wird, hängt* immer auch *vom Willen* ab, der *Erkenntnis versperrt oder zur Erkenntnis führt.* Es hängt also von einer schon gegebenen moralischen Prägung ab, die dann entweder weiter verformt oder weiter gereinigt wird[18].

Auf dieser Ebene, der Ebene des Urteilens (Conscientia im engeren Sinn), gilt, daß auch das irrige Gewissen bindet. Dieser Satz ist aus der rationalen Tradition der Scholastik heraus völlig

---

[16] Vgl. *H. Reiner,* a.a.O., S. 582: S. theol I q 79 a 13; De ver. q 17 a.

[17] Vgl. dazu die sorgsame Untersuchung von *L. Melina,* La conoscenza morale. Linee di riflessione sul Commento di san Tommaso al'Etica Nicomachea, Roma 1987, S. 69ff.

[18] Augustinus hat in der Reflexion seiner eigenen inneren Erfahrung in den der Bekehrung folgenden Jahrzehnten seines Lebens über diese Zusammenhänge von Erkenntnis, Wille, Emotionalität, Prägung durch Gewöhnung grundlegende Erkenntnisse zum Wesen von Freiheit und Moralität erarbeitet, die heute neu aufgenommen werden müßten. Vgl. die ausgezeichnete Darstellung von *P. Brown,* Augustinus von Hippo. Eine Biographie, übers. v. J. Bernard, Leipzig 1972, bes. S. 126–136.

klar. Niemand darf gegen seine Überzeugung handeln, wie es schon der hl. Paulus gesagt hatte (Röm 14,23)[19]. Aber daß die gewonnene Überzeugung selbstverständlich im Augenblick des Handelns bindet, bedeutet keine Kanonisierung der Subjektivität. Es ist *nie Schuld,* der gewonnenen *Überzeugung* zu *folgen* – man muß es sogar. Aber es kann sehr wohl *Schuld* sein, daß man *zu so verkehrten Überzeugungen gelangt* ist und den Widerspruch der Anamnese des Seins niedergetreten hat. Die *Schuld* liegt dann woanders, *tiefer:* nicht in dem jetzigen Akt, nicht in dem jetzigen Gewissensurteil, sondern *in* der *Verwahrlosung meines Seins,* die mich stumpf gemacht hat für die Stimme der Wahrheit und deren Zuspruch in meinem Innern. Deshalb bleiben Überzeugungstäter wie Hitler und Stalin schuldig. Diese krassen Ex-

---

[19] Daß genau dies auch die Position des hl. Thomas von Aquin ist, zeigt die äußerst erhellende Untersuchung von *J. G. Belmans,* Le paradoxe de la conscience erronée d'Abélard à Karl Rahner, in: Revue Thomiste 90 (1990) 570–586. Belmans macht sichtbar, wie mit dem 1942 erschienenen Thomasbuch von Sertillanges eine dann breit rezipierte Verfälschung der Gewissenslehre des Aquinaten einsetzt, die – etwas vereinfachend gesagt – darin besteht, daß nun nur noch S. theol I–II q 19 a 5 („Muß man einem irrigen Gewissen folgen?") zitiert und der folgende art. 6 („Genügt es, seinem Gewissen zu folgen, um gut zu handeln?") schlichtweg ausgelassen wird. Das bedeutet, daß man nun Thomas die Lehre des Abaelard unterschiebt, die zu überwinden Ziel des Aquinaten war. Abaelard hatte gelehrt, daß die Kreuziger Christi nicht gesündigt hätten, da sie aus Unwissenheit handelten. Die einzige Art zu sündigen bestehe darin, gegen das Gewissen zu handeln. Die modernen Theorien von der Gewissensautonomie können sich auf Abaelard berufen, aber nicht auf Thomas.

empel sollten aber nicht dazu dienen, uns über uns selbst zu beruhigen, sondern sie sollten uns aufschrecken und uns den Ernst der Bitte eindrücklich machen: Von meiner unerkannten Schuld befreie mich (Ps 19, 13).

4. Epilog: Gewissen und Gnade

Am Ende bleibt noch die Frage, von der wir ausgegangen sind: Ist nicht doch Wahrheit, so jedenfalls wie der Glaube der Kirche sie uns zeigt, für den Menschen zu hoch und zu schwer? Nun, wir können darauf nach allem Überlegten sagen: Gewiß, der Höhenweg zur Wahrheit, zum Guten ist nicht bequem. Er fordert den Menschen. Aber nicht das bequeme Bleiben bei sich selbst erlöst ihn; darin verkümmert er und verliert sich. In der Bergwanderung des Guten entdeckt er immer mehr die Schönheit, die in der Mühsal der Wahrheit liegt und daß gerade sie für ihn das Erlösende ist. Aber damit ist doch noch nicht alles gesagt. Wir würden *Christentum in Moralismus auflösen, wenn nicht* eine *Botschaft* sichtbar würde, die *über unser eigenes Tun hinausgeht.* Ohne viele Worte kann uns dies in einem Bild aus der griechischen Welt sichtbar werden, an dem wir zugleich sehen, wie die Anamnese des Schöpfers sich in uns ausstreckt auf den Erlöser hin und jeder Mensch ihn als Erlöser zu begreifen vermag, weil er auf unsere innerste Erwartung antwortet. Ich meine die Geschichte von der Entsühnung des Muttermörders Orest. Er hatte den Mord als eine Gewissenstat begangen, was die Sprache des Mythos als Gehorsam gegen den Befehl eines Gottes, Apollo, bezeichnet. Aber nun jagen ihn die Erinnyen, die wiederum als mythische Personifikationen des Gewissens anzusehen sind, das aus tieferem Erinnern ihm quälend vorhält, daß sein Gewissensentscheid, sein Gehorsam gegen den „Götterspruch" in Wirklichkeit Schuld war. Die ganze Tragik des Menschen kommt in diesem Streit der „Götter", in diesem Widerspruch des Gewissens zum Vorschein. Im heiligen Gericht wird für Orest dann der weiße Stein Athenes zum Freispruch, zur Heiligung, in deren Kraft sich die Erinnyen zu Eumeniden, zu Geistern der Versöhnung wandeln: die Sühne hat die Welt verändert. In diesem Mythos wird nicht nur der Übergang vom System der Blutrache zum geordneten Recht der Gemeinschaft dargestellt, sondern mehr. Hans Urs von Balthasar hat dieses Mehr so ausgedrückt: „... Die stillende Gnade ist ... immer Mit-Einstiftung des Rechts, nicht des alten gnadenlosen der Erinnyenzeit, wohl eines gnadenvollen Rechts ..." [20]. In diesem Mythos spricht zu uns die Sehnsucht danach, daß der objektiv gerechte Schuldspruch des Gewis-

[20] *H. U. von Balthasar,* Herrlichkeit. Eine theologische Ästhetik 3/1: Im Rahmen der Metaphysik, Einsiedeln 1965, S. 112.

sens und die daraus folgende zerstörerische innere Not nicht das letzte seien, sondern daß es eine Vollmacht der Gnade gebe, eine Kraft der Sühne, die die Schuld verschwinden läßt und Wahrheit erst wirklich erlösend macht. Es ist die Sehnsucht danach, daß die Wahrheit uns nicht nur fordert, sondern auch verwandelnde Sühne und Verzeihung sei, durch die – wie Aischylos es sagt – „die Schuld abgewaschen"[21] und unser Sein über unser Vermögen hinaus von innen her verwandelt wird. Dies ist *die eigentliche Neuheit des Christentums: Der Logos,* die Wahrheit in Person, *ist auch* die *Sühne,* die *verwandelnde Vergebung* über all unser eigenes Vermögen und Unvermögen hinaus. Darin besteht das wahrhaft Neue, auf dem das größere christliche Gedächtnis gründet, welches doch zugleich auch tiefste Antwort darauf ist, was die Anamnese des Schöpfers in uns erwartet. *Wo diese Mitte der christlichen Botschaft nicht genügend gesagt und gesehen wird, da wird die Wahrheit* in der Tat *zum Joch,* das *zu schwer* ist *für unsere Schultern* und von dem wir uns zu befreien suchen müssen. Aber die so errungene Freiheit ist leer. Sie führt ins öde Land des Nichts, und sie zerfällt so von selbst. Das Joch der Wahrheit ist „leicht" geworden (Mt 11,30), als die Wahrheit kam, uns liebte und unsere Schuld in ihrer Liebe verbrannte. Erst wenn wir dies von innen

[21] *Aischylos,* Eumeniden 280–1; vgl. *Balthasar,* ebd.

her wissen und erfahren, werden wir frei, die Botschaft des Gewissens angstlos und freudig zu hören.

III

Die Bedeutung religiöser und sittlicher Werte in der pluralistischen Gesellschaft

1. Relativismus als Voraussetzung der Demokratie?

Nach dem Zusammenbruch der totalitären Systeme, die unserem Jahrhundert zunächst weithin sein Gepräge gegeben haben, hat sich heute in einem großen Teil der Erde die Überzeugung durchgesetzt, daß Demokratie zwar nicht die ideale Gesellschaft bewirkt, aber praktisch das einzig angemessene Regierungssystem ist. Sie verwirklicht Machtverteilung und Machtkontrolle und bietet damit die größtmögliche Gewähr gegen Willkür und Unterdrückung, für die Freiheit jedes einzelnen und für die Einhaltung der Menschenrechte. Wenn wir heute von Demokratie sprechen, denken wir vor allem an diese Güter: an die Machtbeteiligung aller, die Ausdruck von Freiheit ist. Keiner soll nur Objekt von Herrschaft, nur ein Beherrschter sein; jeder soll seinen Willen ins Ganze des politischen Handelns einbringen können. Nur als Mitbestimmende können auch wirklich alle freie Bürger sein. Das eigentliche Gut, das bei der Machtbeteiligung angestrebt wird, ist also die Freiheit und die Gleichheit aller. Weil aber Macht nicht beständig durch alle direkt ausgeübt werden kann, muß sie zeitweilig delegiert werden. Auch wenn diese Machtübertragung nur befristet, das heißt bis zu den nächsten Wahlen, geschieht, so erheischt sie doch Kontrolle, damit der gemeinsame Wille derer bestimmend bleibt, die Macht übertragen haben, und nicht der Wille derer, die sie ausüben, sich verselbständigt. Manche machen an dieser Stelle halt und sagen: Wenn die Freiheit aller gesichert ist, dann ist das Ziel des Staates erreicht.

Auf diese Weise wird die Selbstverfügung des Individuums zum eigentlichen Ziel der Gemeinsamkeit erklärt; die Gemeinschaft habe eigentlich in sich gar keinen Wert, sondern sie wäre nur da, um den einzelnen ihn selber sein zu lassen. Aber die inhaltslose Individualfreiheit, die so als höchstes Ziel erscheint, hebt sich selber auf, weil Einzelfreiheit nur in einer Ordnung der Freiheiten bestehen kann. Sie braucht ein Maß, sonst wird sie zur Gewalt gegen den anderen: Nicht ohne Grund führen diejenigen, die totalitäre Herrschaft anstreben, zunächst eine ordnungslose Freiheit der einzelnen und einen Zustand des Kampfes aller gegen alle herbei, um sich dann mit ihrer Ordnung als die wahren Retter der Menschheit hinstellen zu können. Freiheit bedarf also eines Inhalts. Wir können ihn definieren als die Sicherung der Menschenrechte. Wir können ihn aber auch weitläufiger beschreiben als die Gewährleistung der Wohlfahrt des Ganzen wie des Gutes der einzelnen: Der Beherrschte, das heißt derjenige, der Macht übertragen hat, „kann frei sein, wenn er in dem von den Herrschenden angestrebten Gemeingut sich selbst, das heißt sein eigenes Gut wiedererkennt“[1].

Durch diese Überlegung sind nun neben die Idee der Freiheit zwei weitere Begriffe getreten: das Recht und das Gute. Beide, das heißt die Freiheit als Lebensform der Demokratie und das Recht wie das Gute als ihr Inhalt, stehen in einer gewissen Spannung zueinander, die der wesentliche Gehalt des heutigen Ringens um die rechte Form von Demokratie und Politik überhaupt darstellt. Freilich denken wir zunächst einmal vor allem an die Freiheit als das wahre Gut des Menschen; alle anderen Güter erscheinen uns heute eher strittig und allzuleicht zu mißbrauchen. Wir wollen nicht, daß der Staat uns eine bestimmte Idee des Guten aufdränge. Das Problem wird noch deutlicher, wenn wir den Begriff des Guten durch den Begriff der Wahrheit verdeutlichen. Die Achtung der Freiheit jedes einzelnen scheint uns heute ganz wesentlich darin zu bestehen, daß die Wahrheitsfrage nicht vom Staat entschieden wird: Wahrheit, also auch die Wahrheit über das Gute, erscheint nicht als gemeinschaftlich erkennbar. Sie ist strittig. Der Versuch, allen aufzuerlegen, was einem Teil der Bürger als Wahrheit erscheint, gilt daher als Knechtung der Gewissen: Der Begriff Wahrheit ist in die Zone der Intoleranz und des

[1] *H. Kuhn,* Der Staat. Eine philosophische Darstellung, München 1967, S. 60.

Antidemokratischen gerückt. Sie ist kein öffentliches, sondern nur ein privates Gut bzw. ein Gut von Gruppen, aber eben nicht des Ganzen. Anders ausgedrückt: Der moderne Begriff von Demokratie scheint mit dem Relativismus unlöslich verbunden zu sein; der Relativismus aber erscheint als die eigentliche Garantie der Freiheit, gerade auch ihrer wesentlichen Mitte – der Religions- und Gewissensfreiheit.

Das ist heute uns allen durchaus einsichtig. Trotzdem stellt sich bei näherem Zusehen die Frage, ob es nicht doch einen nichtrelativistischen Kern auch in der Demokratie geben müsse: Ist sie denn nicht letztlich um die Menschenrechte herumgebaut, die unverletzlich sind, so daß gerade ihre Gewährung und Sicherung der tiefste Grund ist, warum Demokratie als nötig erscheint? Die Menschenrechte unterliegen nicht ihrerseits dem Pluralismus- und dem Toleranzgebot, sie *sind* der Inhalt der Toleranz und der Freiheit. Den anderen seines Rechtes zu berauben kann niemals Inhalt des Rechts werden und niemals Inhalt der Freiheit sein. Das bedeutet, daß ein Grundbestand an Wahrheit, nämlich an sittlicher Wahrheit, gerade für die Demokratie unverzichtbar zu sein scheint. Wir sprechen dabei heute lieber von Werten als von Wahrheit, um nicht mit dem Toleranzgedanken und dem demokratischen Relativismus in Konflikt zu geraten. Aber der eben gestellten Frage kann man durch diese terminologische Verschiebung nicht ausweichen, denn die Werte beziehen ihre Unantastbarkeit daraus, daß sie wahr sind und wahren Forderungen des menschlichen Wesens entsprechen. Um so mehr erhebt sich nun die Frage: Wie kann man diese gemeinschaftlich gültigen Werte begründen? Oder, in der heutigen Sprache gesagt: Wie sind die Grundwerte zu begründen, die nicht dem Spiel von Mehrheit und Minderheit unterworfen sind? Woher kennen wir sie? Was ist dem Relativismus entzogen, warum und wie? Diese Frage bildet das Zentrum im heutigen Disput der politischen Philosophie, in unserem Ringen um die wahre Demokratie. Man kann etwas vereinfachend sagen, daß sich zwei Grundpositionen gegenüberstehen, die in verschiedenen Varianten auftreten und dabei auch zum Teil einander begegnen. Auf der einen Seite finden wir die radikal relativistische Position, die den Begriff des Guten (und damit erst recht den des Wahren) aus der Politik ganz ausscheiden will, weil freiheitsgefährdend. „Naturrecht" wird als metaphysikverdächtig abgelehnt, um den Relativismus konsequent durchzuhalten: Es gibt danach letztlich kein anderes Prinzip des Politischen als die Entscheidung der Mehrheit, die im staatlichen Leben an die Stelle der Wahrheit trete. Recht könne nur rein politisch verstanden werden, das heißt Recht sei, was von den dazu befugten Organen als Recht gesetzt wird. Demokratie wird demgemäß nicht inhaltlich, sondern rein formal definiert: als ein Gefüge von Regeln, die Mehrheitsbildung, Machtübertragung und Machtwechsel ermöglichen. Sie bestünde dann wesentlich im Mechanismus von Wahl und Abstimmung. Dieser Auffassung steht die andere These gegenüber, daß die Wahrheit nicht Produkt der Politik (der Mehrheit) ist, sondern ihr vorangeht und sie erleuchtet: Nicht die Praxis schafft Wahrheit, sondern die Wahrheit ermöglicht rechte Praxis. Politik ist dann gerecht und freiheitsfördernd, wenn sie einem Gefüge von Werten und Rechten dient, das uns von der Vernunft gezeigt wird. Gegenüber dem ausdrücklichen Skeptizismus der relativistischen und positivistischen Theorien finden wir also hier ein Grundvertrauen in die Vernunft, die Wahrheit zeigen kann[2].

Das Wesen beider Positionen läßt sich sehr gut am Prozeß Jesu zeigen, nämlich an der Frage, die Pilatus dem Erlöser stellt: „Was ist Wahrheit?" (Joh 18,38). Kein Geringerer als der herausragende Vertreter der streng relativistischen Position, der später nach Amerika emigrierte österreichische Rechtslehrer Hans Kelsen, hat in einer Meditation dieses biblischen Textes seine Auffassung unmißverständlich dargelegt[3].

---

[2] Diese Grundfrage der heutigen Debatte um das rechte Verständnis von Demokratie ist sehr erhellend dargestellt in dem Werk von *V. Possenti,* Le società liberali al bivio. Lineamenti di filosofia della società, Genova 1991; siehe bes. S. 289ff.

[3] Ausführlich dazu *V. Possenti,* a.a.O., S. 315–345, bes. S. 345f.

Wir werden auf seine Philosophie des Politischen noch einmal zurückkommen müssen; begnügen wir uns einstweilen mit dem Blick darauf, wie er den biblischen Text auslegt.

Die Pilatus-Frage ist nach ihm Ausdruck für die notwendige Skepsis des Politikers. Darum ist die Frage irgendwie auch schon Antwort: Wahrheit ist unerreichbar. Daß Pilatus es so versteht, sieht man daran, daß er eine Antwort gar nicht erst abwartet, sondern sich statt dessen unmittelbar an die Menge wendet. So habe er nach Kelsen die Entscheidung des strittigen Falles dem Votum des Volkes unterworfen. Kelsen ist der Meinung, Pilatus habe hier als vollkommener Demokrat gehandelt. Da er nicht weiß, was gerecht ist, überläßt er es der Mehrheit, darüber zu entscheiden. Pilatus wird auf diese Weise in der Darstellung des österreichischen Gelehrten zur emblematischen Figur der relativistischen und skeptischen Demokratie, die sich nicht auf Werte und Wahrheit stützt, sondern auf Prozeduren. Daß im Falle Jesu ein unschuldiger Gerechter verurteilt wurde, scheint Kelsen nicht anzufechten. Es gibt eben keine andere Wahrheit als die der Mehrheit. Hinter sie zurückzufragen ist sinnlos. Kelsen geht an einer Stelle sogar so weit zu sagen, diese relativistische Gewißheit müsse man notfalls auch mit Blut und

---

Zur Auseinandersetzung mit Kelsen auch hilfreich *H. Kuhn*, a.a.O., S. 41f.

Tränen auferlegen; man müsse ihrer so sicher sein, wie Jesus seiner Wahrheit sicher war[4]. Ganz anders und gerade auch unter politischen Gesichtspunkten viel überzeugender ist die Auslegung, die der große Exeget Heinrich Schlier von dem Text gegeben hat. Er tat dies in dem Augenblick, in dem der Nationalsozialismus in Deutschland sich anschickte, die Macht zu ergreifen. Schliers Auslegung war ein bewußtes Gegenzeugnis gegen diejenigen Teile der evangelischen Christenheit, die bereit waren, Glaube und Volk auf dieselbe Ebene zu stellen[5]. Schlier macht darauf aufmerksam, daß Jesus in dem Prozeß die richterliche Vollmacht des von Pilatus vertretenen Staates durchaus anerkennt. Er begrenzt sie aber zugleich dadurch, daß er sagt, solche Vollmacht habe Pilatus nicht aus sich selbst, sondern „von oben" (19,11). Pilatus verfälscht seine Macht und so die Macht des Staates in dem Augenblick, in dem er sie nicht mehr als treuhänderische Verwaltung einer höheren, an der Wahrheit hängenden Ordnung wahrnimmt, sondern sie zu seinen eigenen Gunsten benützt. Der Statthalter fragt nicht mehr nach Wahrheit, sondern versteht Macht als

---

[4] Vgl. *V. Possenti,* a.a.O., S. 336.

[5] *H. Schlier,* Die Beurteilung des Staates im Neuen Testament, zuerst 1932 gedruckt in: Zwischen den Zeiten; hier zitiert aus dem Sammelband *H. Schlier,* Die Zeit der Kirche, Freiburg i. Br. ²1958, S. 1–16; vgl. im selben Band, S. 56–74, den Beitrag: Jesus und Pilatus.

reine Macht. „Sobald er also sich selbst legitimierte, lieh er dem Justizmord an Jesus seine Hand."[6]

2. Wozu Staat?

Die Fraglichkeit einer streng relativistischen Position ist damit wohl deutlich geworden. Auf der anderen Seite ist uns die Problematik einer Position, die Wahrheit auch für die demokratische Praxis als grundlegend und erheblich ansieht, heute wohl allen bewußt; zu tief ist uns die Furcht vor Inquisition und vor Vergewaltigung der Gewissen eingebrannt. Wie soll man diesem Dilemma entfliehen? Fragen wir zunächst einmal danach, was der Staat eigentlich ist; wozu er da ist und wozu nicht. Dann wollen wir einen Blick auf die verschiedenen Antworten zu dieser Frage werfen und schließlich versuchen, uns von ihnen aus zu einer abschließenden Antwort vorzutasten.

Was also ist der Staat? Wozu dient er? Wir könnten ganz schlicht sagen: Die Aufgabe des Staates ist es, „das menschliche Miteinander in Ordnung zu halten"[7], also einen solchen Ausgleich der Freiheit und der Güter zu schaffen, daß jeder ein menschenwürdiges Leben führen kann. Wir könnten

[6] *H. Schlier,* a.a.O., S. 3.
[7] Ebd., S. 11.

auch sagen: Der Staat garantiert das Recht als die Bedingung der Freiheit und des gemeinsamen Wohlstands. Zum Staat gehört deshalb zum einen, daß regiert werde; zum anderen aber, daß dieses Regieren nicht einfach Ausübung von Macht, sondern Schutz des Rechtes eines jeden einzelnen und des Wohlergehens aller sei. Nicht ist es Aufgabe des Staates, das Glück der Menschheit herbeizuführen, und nicht ist es daher seine Aufgabe, neue Menschen zu erschaffen. Es ist ferner nicht seine Aufgabe, die Welt in ein Paradies zu verwandeln, und er kann es auch nicht; wenn er es dennoch versucht, setzt er sich absolut und verläßt dann seine Grenzen. Er benimmt sich dann, als ob er Gott wäre, und wird dadurch – wie die Apokalypse zeigt – zum Tier aus dem Abgrund, zur Macht des Antichrist. Es ist in diesem Zusammenhang wichtig, zwei Bibeltexte immer beieinanderzuhalten, die sich nur scheinbar widersprechen, in Wirklichkeit aber wesentlich zueinander gehören: Römer 13 und Apokalypse 13. Der Römerbrief beschreibt den Staat in seiner geordneten Form – den Staat, der sich an seine Grenze hält und sich nicht selbst als Quelle von Wahrheit und Recht ausgibt. Paulus hat den Staat als Treuhänder der Ordnung vor Augen, der dem Menschen sein Einzelsein wie sein Gemeinsamsein ermöglicht. Diesem Staat gebührt der Gehorsam. Der Gehorsam gegen das Recht ist nicht Behinderung der Freiheit, sondern ihre Bedingung. Die Geheime Offenbarung zeigt demgegenüber den Staat, der sich selbst für Gott erklärt und aus Eigenem festlegt, was als gerecht und wahr zu gelten hat. Ein solcher Staat zerstört den Menschen. Er verneint sein eigentliches Wesen und kann daher auch keinen Gehorsam mehr einfordern[8]. Es ist bezeichnend, daß sowohl der Nationalsozialismus wie der Marxismus im Grunde den Staat und das Recht verneinten, die Bindung des Rechts als Unfreiheit erklärten und demgegenüber etwas Höheres zu setzen beanspruchten: den sogenannten Volkswillen oder die klassenlose Gesellschaft, die den Staat ablösen sollte, der das Instrument der Hegemonie einer Klasse sei. Wenn so der Staat und seine Ordnung als Gegner der Absolutheit des Anspruchs der eigenen Ideologie betrachtet wurden, so war gerade in solcher Ablehnung etwas vom eigentlichen Wesen des Staates bewußt geblieben. Staat als Staat richtet eine relative Ordnung des Zusammenlebens auf, kann aber nicht allein die Antwort auf die Frage der menschlichen Existenz geben. Er muß nicht nur Freiräume für ein Anderes und vielleicht Höheres offenlassen; er muß auch die Wahrheit über das Recht immer wieder von außen empfangen, da er sie nicht in sich selber trägt. Aber wie und von wo? Das ist die Frage, der wir uns nun endgültig stellen müssen.

[8] Vgl. *H. Schlier,* a.a.O., S. 3–7; S. 14–16.

3. Die gegensätzlichen Antworten auf die Fragen nach den Grundlagen der Demokratie

a) Die relativistische Theorie

Auf diese Fragen antworten, wie oben schon gesagt, zwei diametral einander entgegengesetzte Positionen, zwischen denen aber vermittelnde Auffassungen liegen. Die erste Ansicht, die des strengen Relativismus, ist uns schon in der Gestalt von Hans Kelsen begegnet. Für ihn kann die Beziehung zwischen Religion und Demokratie nur negativ sein. Das Christentum im besonderen lehrt absolute Wahrheiten und Werte und steht damit im strikten Gegensatz zur notwendigen Skepsis der relativistischen Demokratie. Religion bedeutet für ihn Heteronomie der Person, während umgekehrt Demokratie ihre Autonomie beinhaltet. Das bedeutet auch, daß der Kernpunkt der Demokratie die Freiheit ist und nicht das Gute, das schon wieder als freiheitsgefährdend erscheint[9]. Heute ist wohl der amerikanische Rechtsphilosoph R. Rorty der bekannteste Vertreter dieser Sicht von Demokratie. Seine Fassung des Zusammenhangs von Demokratie und Relativismus drückt weitgehend das gegenwärtige Durchschnittsbewußtsein auch von Christen aus

---

[9] Vgl. *V. Possenti*, a.a.O., S. 321.

und verdient daher besondere Aufmerksamkeit. Für Rorty ist der einzige Maßstab, nach dem Recht geschaffen werden kann, das, was als Mehrheitsüberzeugung unter den Bürgern verbreitet ist: Eine andere Philosophie, eine andere Quelle des Rechts stehe der Demokratie nicht zur Verfügung. Freilich ist Rorty sich doch irgendwie des letzten Ungenügens eines bloßen Mehrheitsprinzips als Wahrheitsquelle bewußt; denn er meint, die pragmatische, an der Mehrheit orientierte Vernunft schließe immer einige intuitive Ideen mit ein, wie etwa die Ablehnung der Sklaverei [10]. Hier freilich täuscht er sich: Jahrhundertelang oder sogar jahrtausendelang hat das Mehrheitsempfinden diese Intuition nicht eingeschlossen, und niemand weiß, wie lange sie ihm erhalten bleiben wird. Hier waltet ein leerer Begriff von Freiheit, der sogar dahin geht, die Auflösung des Ich zu einem Phänomen ohne Zentrum und ohne Wesen sei notwendig, um unsere Intuition über den Vorrang der Freiheit konkret gestalten zu können. Wie aber, wenn einmal diese Intuition abhanden kommt? Wie aber, wenn sich eine Mehrheit gegen die Freiheit bildet und uns sagt, der Mensch sei der Freiheit nicht gewachsen, sondern wolle und solle geführt werden?

Der Gedanke, in der Demokratie könne nur die Mehrheit entscheiden und Rechtsquelle könnten

[10] Ebd., S. 293.

nur die mehrheitsfähigen Überzeugungen der Bürger sein, hat zweifellos etwas Bestechendes an sich. Denn wann immer man etwas nicht von der Mehrheit Gewolltes und Entschiedenes für die Mehrheit verbindlich macht, scheint eben der Mehrheit ihre Freiheit abgesprochen und damit das Wesen der Demokratie verneint zu sein. Jede andere Theorie scheint einen Dogmatismus zu unterstellen, der die Selbstbestimmung unterläuft und damit Entmündigung der Bürger, Herrschaft von Unfreiheit wird. Aber andererseits kann auch die Irrtumsfähigkeit der Mehrheit nicht bestritten werden, und ihre Irrtümer können sich nicht nur auf Peripheres beziehen, sondern auch grundlegende Güter in Frage stellen, so daß die Menschenwürde und die Menschenrechte nicht mehr gewährleistet sind, also das Wozu der Freiheit zu Fall kommt. Denn was Menschenrechte sind und worin Menschenwürde besteht, liegt keineswegs immer für die Mehrheit offen zutage. Daß sie verführbar und manipulierbar ist und daß Freiheit gerade im Namen der Freiheit zerstört werden kann, hat die Geschichte unseres Jahrhunderts dramatisch bewiesen. Bei Kelsen haben wir überdies gesehen, daß der Relativismus seinen eigenen Dogmatismus in sich trägt: Er ist sich seiner selbst so gewiß, daß er auch denen auferlegt werden muß, die ihn nicht teilen. Im letzten ist hier der Zynismus unausweichlich, den man bei Kelsen wie bei Rorty mit Händen greifen kann: Wenn die Mehrheit – wie etwa im

Fall des Pilatus – immer recht hat, dann muß das Recht mit Füßen getreten werden. Dann zählt im Grunde zuletzt die Macht des Stärkeren, der die Mehrheit für sich einzunehmen weiß.

b) Die metaphysische und die christliche These

So gibt es eine strenge Gegenposition zu dem bisher betrachteten skeptischen Relativismus. Der Vater dieser anderen Sicht des Politischen ist Plato, der davon ausgeht, nur derjenige könne gut regieren, der selbst das Gute kenne und erfahren habe. Alle Herrschaft müsse Dienst sein, das heißt ein bewußtes Verzichten auf die gewonnene eigene kontemplative Höhe und ihre Freiheit. Sie müsse ein freiwilliges Zurückkehren in die „Höhle" sein, in deren Dunkel die Menschen leben. Nur dann entstehe wirkliche Regierung und nicht jenes Sich-Herumschlagen im Schein und mit dem Scheinhaften, das in der Mehrheit der Fälle die Politik charakterisiere: Die Blindheit der durchschnittlichen Politik sieht Plato darin, daß ihre Vertreter um Macht kämpfen, „als wäre sie ein großes Gut" [11]. Mit solchen Überlegungen geht Plato auf den biblischen Grundgedanken zu, daß Wahrheit nicht von der Politik produziert

[11] Der Staat VII 520c; vgl. *V. Possenti,* a. a. O., S. 290; vgl. auch *H. Kuhn,* Plato, in: *H. Maier / H. Rausch / H. Denzer* (Hrsg.), Klassiker des politischen Denkens, München ^{3}1969, S. 1–35.

wird: Wenn die Relativisten dies meinen, rücken sie trotz des von ihnen gesuchten Primats der Freiheit in die Nähe der Totalitären. Die Mehrheit wird dann zu einer Art von Gottheit, gegen die es keine Appellation mehr geben kann.

Von solchen Einsichten her hat Maritain eine Philosophie des Politischen entwickelt, die die großen Intuitionen der Bibel für die Theorie des Politischen fruchtbar zu machen versucht. Wir brauchen hier auf die geschichtlichen Voraussetzungen dieser Philosophie nicht einzugehen, so lohnend es auch wäre. Man kann wohl in Kürze und damit natürlich auch sehr vereinfachend sagen, daß sich in der Neuzeit der Begriff der Demokratie auf zwei Wegen und damit auch auf zwei unterschiedlichen Grundlagen gebildet hat. Im angelsächsischen Bereich ist Demokratie wenigstens zum Teil auf der Basis naturrechtlicher Traditionen und eines freilich ganz pragmatisch gefaßten christlichen Grundkonsenses gedacht und verwirklicht worden [12]. Bei Rousseau hingegen ist sie gegen die christliche Überlieferung gewandt. Von ihm aus bildet sich dann der Strom einer im Gegensatz zum Christentum gedachten Konzeption des Demokratischen [13]. Maritain hat versucht, den Begriff der Demokratie wieder von Rousseau ab-

---

[12] Vgl. *H. Kuhn,* a. a. O., (s. Anm. 1), S. 263 ff.
[13] Vgl. *R. Spaemann,* Rousseau – Bürger ohne Vaterland, München 1980.

zukoppeln, sie – wie er sagt – von den freimaurerischen Dogmen des notwendigen Fortschritts, des anthropologischen Optimismus, der Vergöttlichung des Individuums und des Vergessens auf die Person zu lösen[14]. Für ihn kann das originäre Recht des Volkes auf Selbstregierung niemals das Recht sein, über alles zu entscheiden: „Regierung des Volks" und „Regierung für das Volk" gehören zusammen; es geht um das Gleichgewicht zwischen Volkswillen und Zielwerten des politischen Handelns. In diesem Sinn hat Maritain einen dreifachen Personalismus – den ontologischen, axiologischen und sozialen – entfaltet, worauf wir in diesem Zusammenhang nicht eingehen können[15]. Es ist klar, daß hier das Christentum als Quelle von Erkenntnis angesehen wird, die der politischen Aktion vorausgeht und sie erleuchtet. Um jeden Verdacht eines politischen Absolutismus des Christlichen auszuschließen, antwortet V. Possenti auf der Linie von Maritain, daß als Wahrheitsquelle für die Politik nicht etwa das Christentum als Offenbarungsreligion, sondern als Sauerteig und als geschichtlich bewährte Lebensform gemeint ist: Die Wahrheit über das Gute, die aus der christlichen Überlieferung kommt, wird auch für die Vernunft zur Einsicht und so zu einem vernünftigen Prinzip; nicht ist sie

[14] *V. Possenti,* a.a.O., S. 309.
[15] Vgl. ebd., S. 308–310.

eine Vergewaltigung der Vernunft und der Politik durch irgendeinen Dogmatismus[16]. Natürlich ist dabei ein gewisser Optimismus hinsichtlich der Evidenz des Moralischen und des Christlichen vorausgesetzt, der von den Relativisten bestritten wird. Hier sind wir noch einmal am kritischen Punkt der Theorie des Demokratischen wie seiner christlichen Auslegung angelangt.

c) Evidenz des Moralischen? Mittlere Positionen

Es ist hilfreich, vor einem Antwortversuch einen Blick auf die mittleren Positionen zu werfen, die weder dem einen noch dem anderen Lager ganz zuzuordnen sind. V. Possenti nennt als Vertreter eines solchen mittleren Weges N. Bobbio, R. K. Popper und J. Schumpeter; als einen frühen Vorläufer eines solchen Weges könnte man den Cartesianer P. Bayle (1647–1706) ansehen. Bayle geht nämlich bereits von einer strikten Trennung der metaphysischen und der moralischen Wahrheit aus. Das politische Leben bedarf nach ihm der Metaphysik nicht. Ihre Fragen können strittig bleiben und erscheinen so als der Raum des von der Politik nicht berührten Pluralismus. Als Existenzgrundlage genügt für die staatliche Gemeinschaft die praktische Wahrheit. Was ihre Erkennbarkeit angeht, hängt allerdings Bayle einem Optimismus

[16] Ebd., S. 308 ff.

an, der uns im Lauf der weiteren Geschichte längst abhanden gekommen ist. In der zweiten Hälfte des 17. Jahrhunderts konnte Bayle noch denken, daß die moralische Wahrheit allen Menschen offensteht. Es gebe nur eine einzige, universale und notwendige Moral, die ein wahres und klares Licht sei, das alle Menschen wahrnehmen, sobald sie nur die Augen öffnen. Diese eine moralische Wahrheit kommt von Gott und muß der Bezugspunkt aller einzelnen Gesetze und Normen sein [17]. Bayle beschreibt damit einfach das Allgemeinbewußtsein seines Jahrhunderts: Die vom Christentum eröffneten moralischen Grundeinsichten standen so offenkundig und so unwidersprechlich vor aller Augen, daß man sie mitten im Streit der Konfessionen als die selbstverständliche Einsicht eines jeden vernünftigen Menschen ansehen konnte, als eine Evidenz der Vernunft, die von den Glaubensauseinandersetzungen der getrennten Christenheit nicht berührt wurde. Aber was damals als zwingende Einsicht der von Gott geschenkten Vernunft erschien, behielt seine Evidenz doch nur, solange die ganze Kultur, der ganze Lebenszusammenhang von der christlichen Überlieferung geprägt war. In dem Maß, in dem sich der christliche Grundkonsens zersetzte und eine nackte Vernunft übrigblieb, die sich von keiner geschichtlichen Realität belehren lassen, son-

[17] Vgl. ebd., S. 291.

dern nur auf sich selber hören will, zerfiel auch die Evidenz des Moralischen. Die Vernunft, die ihre Wurzeln im Glauben einer geschichtlichen, religiösen Kultur abschnitt und nur noch empirische Vernunft sein wollte, wurde blind. Wo bloß noch das experimentell Verifizierbare als gemeinsame Gewißheit anerkannt wird, bleibt für die Wahrheiten, die über das rein Materielle hinausgehen, lediglich das Funktionieren, das heißt das Spiel von Mehrheit und Minderheit, als Maßstab übrig, das aber – wie wir gesehen haben – in seiner Isolierung notwendig zum Zynismus und zur Auflösung des Menschen wird. Das eigentliche Problem, vor dem wir heute stehen, ist die Blindheit der Vernunft für die ganze nicht-materielle Dimension der Wirklichkeit.

Begnügen wir uns damit, noch einen Blick auf die Sozialphilosophie K. Poppers zu werfen, von dem man vielleicht sagen darf, daß er die Grundvision Bayles in eine relativistische Zeit zu retten versucht. Zu Poppers Vision der offenen Gesellschaft gehört freie Diskussion und darüber hinaus Institutionen zum Schutz der Freiheit und zum Schutz der Benachteiligten. Die Werte, auf denen die Demokratie als beste Verwirklichungsform der offenen Gesellschaft beruht, werden durch einen moralischen Glauben erkannt: Sie sind nicht rational zu begründen, aber ein dem Voranschreiten der Wissenschaft ähnlicher Prozeß von Kritik und Einsicht führt doch zu einer Annäherung an die Wahrheit. Die Prinzipien der Gesellschaft können demnach nicht begründet, nur diskutiert werden. Am Ende muß man darüber entscheiden[18]. Wie man sieht, mischen sich in dieser Vision viele Elemente. Einerseits sieht Popper, daß es im Prozeß der freien Diskussion keine Evidenz der moralischen Wahrheit gibt, andererseits aber wird sie für ihn doch in einer Art von vernünftigem Glauben faßbar. Für Popper ist klar, daß das Mehrheitsprinzip nicht unbegrenzt gelten kann. Bayles große Idee der gemeinsamen Vernunftgewißheit in Sachen Moral ist hier zusammengeschrumpft zu einem durch Diskussion sich vorantastenden Glauben, der immerhin, wenn auch auf unsicherem Boden, Grundelemente moralischer Wahrheit öffnet und sie dem reinen Funktionalismus entzieht. Das Ganze abwägend dürfen wir wohl sagen, daß auch dieser schmale verbliebene Rest vernünftiger moralischer Grundgewißheit nicht aus der puren Vernunft hervorgeht, sondern auf einem immer noch vorhandenen Rest von Einsichten aus christlich-jüdischer Herkunft beruht. Längst ist auch dieser Rest nicht mehr unbestrittene Gewißheit, aber ein Minimum Morale ist in der sich auflösenden christlichen Kultur noch irgendwie zugänglich geblieben.

Bevor wir uns an den Versuch einer Antwort wagen, blicken wir zurück. Abzulehnen ist der ab-

---

[18] Ebd., S. 301.

solute Staat, der sich als Quelle von Wahrheit und Recht setzt. Abzulehnen ist aber auch der strikte Relativismus und Funktionalismus, weil die Erhebung der Mehrheit zur einzigen Quelle des Rechts die moralische Würde des Menschen bedroht und tendenziell zum Totalitären hinneigt. Die Spannweite annehmbarer Theorien würde demgemäß von Maritain bis Popper reichen, wobei Maritain ein Maximum von Vertrauen zur vernünftigen Evidenz der moralischen Wahrheit des Christlichen und seines Menschenbildes vertritt, während wir bei Popper vor dem wohl gerade noch ausreichenden Minimum stehen, um den Sturz in den Positivismus abzufangen. Ich möchte nun nicht neben oder zwischen diesen Autoren eine neue Theorie über das Verhältnis von Staat und moralischer Wahrheit darbieten, sondern nur versuchen, die Erkenntnisse zusammenzufassen, die uns auf dem bisherigen Weg begegnet sind. Sie könnten eine Art Plattform sein, auf der sich politische Philosophien treffen, die in irgendeiner Form das Christentum und seine moralische Botschaft als Bezugspunkt politischen Handelns ansehen, ohne dabei die Grenzen zwischen Politik und Glauben zu verwischen.

4. Zusammenfassung und Ergebnisse

Mir scheint, das Ergebnis unseres Rundgangs durch die moderne Debatte lasse sich in folgenden sieben Aussagen zusammenfassen.

1. Der Staat ist nicht selbst Quelle von Wahrheit und Moral: Nicht aus einer ihm etwa eigenen, auf Volk oder Rasse oder Klasse oder sonst eine Größe gegründeten Ideologie, und auch nicht auf dem Weg über die Mehrheit kann er Wahrheit selbst aus sich hervorbringen. Der Staat ist nicht absolut.

2. Das Ziel des Staates kann aber nicht in einer bloßen inhaltslosen Freiheit liegen; um eine sinnvolle und lebbare Ordnung des Miteinander zu begründen, braucht er ein Mindestmaß an Wahrheit, an Erkenntnis des Guten, die nicht manipulierbar ist. Andernfalls wird er, wie Augustinus sagt, auf die Stufe einer gut funktionierenden Räuberbande herabsinken, weil er wie diese nur vom Funktionalen her bestimmt wäre und nicht von der Gerechtigkeit, die gut ist für alle.

3. Der Staat muß demgemäß das für ihn unerläßliche Maß an Erkenntnis und Wahrheit über das Gute von außerhalb seiner selbst nehmen.

4. Dieses „Außerhalb" könnte günstigstenfalls die reine Einsicht der Vernunft sein, die etwa von einer unabhängigen Philosophie zu pflegen und zu hüten wäre. Praktisch aber gibt es eine solche reine, von der Geschichte unabhängige Vernunft-

evidenz nicht. Metaphysische und moralische Vernunft wird nur in historischem Zusammenhang wirksam, hängt von ihm ab und überschreitet ihn zugleich. Faktisch haben alle Staaten aus ihnen vorausliegenden religiösen Überlieferungen, die zugleich moralische Erziehung waren, die moralische Vernunft erkannt und angewandt. Die Vernunftoffenheit und das Maß an Erkenntnis des Guten ist freilich in den historischen Religionen sehr verschieden, wie auch die Art des Miteinander von Staat und Religion verschieden ist. Die Versuchung zur Identifizierung und damit zur religiösen Verabsolutierung des Staats, die zugleich die Religion korrumpiert, ist in der ganzen Geschichte anwesend. Aber es gibt durchaus auch positive Modelle einer Beziehung zwischen religiös gegründeter moralischer Erkenntnis und staatlicher Ordnung. Man darf sogar sagen, daß sich in den großen religiösen und staatlichen Bildungen ein Grundkonsens über wichtige Elemente des moralisch Guten zeigt, der auf eine gemeinsame Vernünftigkeit verweist.

5. Als am meisten universale und rationale religiöse Kultur hat sich der christliche Glaube erwiesen, der auch heute der Vernunft jenes Grundgefüge an moralischer Einsicht darbietet, das entweder zu einer gewissen Evidenz führt oder wenigstens einen vernünftigen moralischen Glauben begründet, ohne den eine Gesellschaft nicht bestehen kann.

6. Demgemäß kommt dem Staat – wie wir schon sagten – das, was ihn wesentlich trägt, von außen zu, nicht aus einer bloßen Vernunft, die im moralischen Bereich nicht ausreicht, sondern aus einer in historischer Glaubensgestalt gereiften Vernunft. Es ist wesentlich, daß dieser Unterschied nicht aufgehoben wird: Die Kirche darf sich nicht selbst zum Staat erheben oder als Machtorgan in ihm oder über ihn wirken wollen. Dann macht sie sich selbst zum Staat und bildet so den absoluten Staat, den sie gerade ausschließen soll. Sie würde durch die Verschmelzung mit dem Staat das Wesen des Staates und ihr eigenes Wesen zerstören.

7. Die Kirche bleibt für den Staat ein „Außen". Nur dann sind beide, was sie sein sollen. Sie muß ebenso an ihrem Ort und in ihrer Grenze bleiben wie der Staat. Sie muß sein Eigenwesen und seine eigene Freiheit respektieren, gerade damit sie ihm den Dienst tun kann, dessen er bedarf. Sie muß aber auch alle Kraft aufbieten, damit in ihr jene moralische Wahrheit leuchtet, die sie dem Staat anbietet und die für die Bürger des Staates einsichtig werden soll. Nur wenn in ihr selbst diese Wahrheit Kraft hat und die Menschen formt, kann sie auch andere überzeugen und eine Kraft für das Ganze werden[19].

[19] In diese Richtung gehen die Reflexionen Solowjews zu Kirche und Staat, die neu bedacht zu werden verdienen, auch wenn

5. *Schlußbetrachtung: Himmel und Erde*

Damit gewinnt eine christliche Lehre wieder Bedeutung, die in unserem Jahrhundert kaum noch zu Wort gekommen ist. Sie drückt sich aus in dem paulinischen Satz: „Unser Staatswesen ist im Himmel" (Phil 3,20)[20]. Das Neue Testament hat diese Überzeugung mit großem Nachdruck vertreten. Für die neutestamentlichen Schriftsteller ist die Stadt im Himmel nicht bloß eine ideale, sondern eine durchaus reale Größe – die neue Heimat, auf die wir zugehen. Sie ist das innere Maß, unter dem wir leben, die Hoffnung, die uns in der Gegenwart trägt. Die neutestamentlichen Schriftsteller wissen, daß es diese Stadt schon jetzt gibt und daß wir ihr jetzt schon zugehören, auch wenn wir noch auf dem Wege sind. Der Brief an die Hebräer hat diesen Gedanken mit besonderer Eindringlichkeit ausgefaltet: „Wir haben hier keine bleibende Stadt, sondern die künftige suchen wir" (13,14). Von der schon jetzt wirkenden Gegenwart dieser Stadt sagt er: „Ihr seid hinzugetreten zum Berge Zion und zur Stadt des lebendigen Gottes, dem himmlischen Jerusalem" (12,22). Für die Christen gilt demnach wieder, was von den Patriarchen Israels gesagt wurde: Sie sind Fremdlinge und Mit-

---

die Idee der „Theokratie" in der von Solowjew entwickelten Form nicht haltbar ist. Vgl. La grande controverse et la politique chrétienne, Paris 1953, S. 129–168.

[20] Vgl. zum Folgenden *H. Schlier,* a.a.O., S. 7ff.

wohner, denn nach dem künftigen Vaterland streben sie (11,13–16). Solche Texte hat man seit langem nicht mehr gerne zitiert, weil sie den Menschen der Erde zu entfremden und ihn von seinem innerweltlichen, auch politischen Auftrag abzuhalten scheinen. „Brüder, bleibt der Erde treu", hatte Nietzsche in unser Jahrhundert hineingerufen, und die große marxistische Strömung hat uns eingehämmert, daß wir keine Zeit für den Himmel zu verlieren haben: Den Himmel lassen wir den Spatzen, meinte Bert Brecht. Wir aber kümmern uns um die Erde und machen sie wohnlich.

In Wahrheit ist es gerade diese „eschatologische" Haltung, die dem Staat sein eigenes Recht garantiert und zugleich dem Absolutismus wehrt, indem sie die Grenzen sowohl des Staates wie der Kirche in der Welt aufzeigt. Denn wo diese Grundhaltung eingenommen wird, da weiß die Kirche, daß sie hier nicht selbst Staat sein kann. Da weiß sie, daß das endgültige Staatswesen anderswo ist und daß sie nicht auf Erden den Gottesstaat aufrichten kann. Sie respektiert den irdischen Staat als eine eigene Ordnung der geschichtlichen Zeit, mit ihren Rechten und Gesetzen, die sie anerkennt. Sie fordert daher das loyale Mitleben und Mitwirken mit dem irdischen Staat auch da, wo er kein christlicher Staat ist (Röm 13,1; 1 Petr 2, 13–17; 1 Tim 2,2). Indem sie so einerseits loyale Mitwirkung im Staatswesen und die Respektierung seiner Eigenart wie seiner Grenzen fordert, erzieht sie auch zu jenen Tugenden, die einen Staat gut werden lassen. Zugleich aber setzt sie der Allmacht des Staats eine Barriere: Weil man „Gott mehr gehorchen muß als den Menschen" (Apg 5, 29) und weil sie aus Gottes Wort weiß, was das Gute und das Böse ist, ruft sie zum Widerstand da, wo das eigentlich Böse, das Gottwidrige befohlen würde. Das Zugehen auf die andere Stadt entfremdet nicht, sondern es ist in Wirklichkeit die Voraussetzung dafür, daß wir gesunden und daß unsere Staaten gesunden. Denn wenn die Menschen nichts zu erwarten haben, als was ihnen diese Welt bietet, und wenn sie dies alles vom Staat verlangen dürfen und müssen, zerstören sie sich selbst und jedwedes Gemeinwesen. Wenn wir nicht erneut in die Fänge des Totalitarismus geraten wollen, müssen wir über den Staat hinausschauen, der ein Teil und nicht das Ganze ist. Hoffnung auf den Himmel steht nicht gegen die Treue zur Erde, sie ist die Hoffnung auch für die Erde. Auf das Größere und Endgültige hoffend, dürfen und müssen wir Christen auch ins Vorläufige, in unsere Staatenwelt hinein Hoffnung tragen.

Quellenverzeichnis

I. Die Freiheit, das Recht und das Gute. Moralische Prinzipien in demokratischen Gesellschaften. – Rede anläßlich der Aufnahme als membre associé étranger in die Académie des Sciences Morales et Politiques des Institut de France am 7. November 1992; hier mit Anmerkungen ergänzt.

II. Wenn du den Frieden willst, achte das Gewissen jedes Menschen. Gewissen und Wahrheit. Erstmals veröffentlicht in: Fides quaerens intellectum. Beiträge zur Fundamentaltheologie, herausgegeben von Michael Kessler, Wolfhart Pannenberg und Hermann Josef Pottmeyer. Francke Verlag, Tübingen, 1992 (dort leicht gekürzt).

III. Die Bedeutung religiöser und sittlicher Werte in der pluralistischen Gesellschaft. Erstmals veröffentlicht in: Internationale katholische Zeitschrift „Communio" 21. Jhg., Heft 6 (1992) S. 500–512.

Werke von Joseph Kardinal Ratzinger im Verlag Herder

Auf Christus schauen
Einübung in Glaube, Hoffnung, Liebe
1989, 128 Seiten
Gebunden, ISBN 3-451-21481-4

Scharfsinnige Betrachtungen zu Glaube, Hoffnung und Liebe als Fundament christlichen Lebens, gesehen gegen den Hintergrund weit verbreiteter unchristlicher Daseinsdeutungen.

Diener Eurer Freude
Meditationen über die priesterliche Spiritualität
2. Auflage 1988, 112 Seiten
Paperback, ISBN 3-451-21200-5

Meditationen zum Evangelium der Nachfolge Christi. Ermutigungen zum Aufbruch und zum aktiven Christsein.

Zur Gemeinschaft berufen
Kirche heute verstehen
2. Auflage 1992, 158 Seiten
Gebunden, ISBN 3-451-22299-X

Meisterhaft vermittelte Theologie: Eine biblische Ekklesiologie, wie man sie konzentrierter und fundierter nicht findet.

Verlag Herder Freiburg · Basel · Wien